ÇOCUKTA DAVRANIŞ GELİŞİMİ

Hayat Yayınları :37
Eğitim Dizisi: 6

Dizi Editörü
Hurşit İlbeyi

Yazarı
İbrahim Alâettin Gövsa

Orijinal İsmi
Çocuk Ruhu

© 1998, Hayat Yayıncılık, İletişim Eğitim Hizmetleri ve Tic. Ltd. Şti.
Tüm yayın hakları Hayat Yayınları'na aittir. Kaynak gösterilerek alıntı yapılabilir; izinsiz kopye edilemez, basılamaz.
ISBN: 975-8243-39-X

Birinci Baskı : İstanbul, Ocak 1999
Yayına Hazırlayan : Hurşit İlbeyi
Dizgi : Sevim Beşik
İç düzen : Hurşit İlbeyi
Düzeltme : Zeynep İlbeyi - Esranur Bayrak
Kapak Tasarımı : Paralel Tanıtım
Kapak Baskı : Seçil Ofset
İç Baskı : Çalış Ofset
Cilt : Dilek Mücellit

HAYAT YAYINCILIK, İLETİŞİM, EĞİTİM HİZMETLERİ VE TİCARET LTD. ŞTİ.
Klodfarer Caddesi, No: 27/5 Kültür Apartmanı   34400 Sultanahmet / İSTANBUL
Tel: (0212) 517 09 57 (Pbx) -   Fax: (0.212) 516 23 21

ÇOCUKTA DAVRANIŞ GELİŞİMİ

İbrahim Alâettin Gövsa

Hayat

İstanbul / 1999

İbrahim Alâettin Gövsa

Şair-yazar (İstanbul 1889–Ankara 1949).

İlköğrenimini İstanbul'da, ortaöğrenimini ise **Trabzon Lisesi** ve **Vefa Lisesi**'nde tamamladı. 1910 yılında **İstanbul Üniversitesi Hukuk Fakültesi**'ni bitirdi. Trabzon Lisesi edebiyat öğretmeniyken 1913 yılında edebiyat öğrenimi için İsviçre'ye gönderildi. **Rousseau Enstitüsü**'nde ve **Cenevre Üniversitesi Psikoloji Laboratuvarı**'nda yüksek lisansını tamamladı. **İstanbul Öğretmen Okulu**'nda eğitim ve psikoloji öğretmeni olarak görev yaptı. 1926 yılında **Maarif Vekaleti Talim ve Terbiye Üyeliği**'ne atandı. 1927'de **Sivas**, 1931'de **Sinop milletvekilliği** yaptı ve 1935'te yeniden **Milli Eğitim Bakanlığı**'na dönerek **Başmüfettişlik** görevinde bulundu.

1936 yılı seçimlerinde **İstanbul**'dan **milletvekili** seçildi ve 1946 yılına kadar milletvekilliği görevini sürdürdü. Bir süre de **Türk Ansiklopedisi Genel Sekreterliği** görevinde bulundu. Vefatına kadar **Hürriyet Gazetesi**'nde aralıksız yazılarına devam etti.

İbrahim Alâettin Gövsa, ülkemizdeki psikoloji ve eğitim konularındaki yazıları ve eserleriyle olduğu kadar, bu alanda yaptığı çalışmalarla da bir öncüdür. Sözlük ve ansiklopedi alanında da ilk sırada yer alan yazarlarımızdandır. Yazılarının birçoğu kitap haline getirilmemiştir.

Yazarın **Çocuk Ruhu** adıyla yayınlanan bu eseri, yayınevimiz tarafından dört kitaplık dizi halinde yayınlanmıştır.

Çocuk Psikolojisi, Kasım 1998
Çocukta Zihinsel Gelişim, Aralık 1998
Çocukta Duygusal Gelişim, Aralık 1998
Çocukta Davranış Gelişimi, Ocak 1999

# İçindekiler

11 Sunuş
13 Davranış Biçimleri
14 Hareketlerin Değişik Şekilleri

BÖLÜM 1
17 Refleksler ve İçgüdüler
21 İçgüdü ve Bilinçli Faaliyet
23 İçgüdü Türleri
25 Refleks ve İçgüdü Merkezleri
25 Reflekslerle İçgüdülerin Rolü
26 Çocukta Refleksler ve İçgüdüler
27 İçgüdüler
29 Eğitim Yöntemleri

BÖLÜM 2
33 Alışkanlık
36 Alışkanlık Biçimleri
37 Alışkanlık Nasıl Ortaya Çıkar?
37 Alışkanlığın Sonuçları
39 Çocuk ve Alışkanlık
40 Alışkanlık ve Eğitim
42 Bebek Alışkanlıkları
43 Alışkanlık Yasaları

BÖLÜM 3

- 49 İrade
- 53 İradî Faaliyet Biçimleri
- 53 İrade Nasıl İşler?
- 55 İrade ve Karakter
- 56 Düşünce ve Hayâlin İradeye Etkisi
- 57 İradî Eylemin Dört Anı
- 59 İradenin Hastalık Biçimleri
- 59 Kendine Hakim Olmak (Otokontrol)
- 61 Fizyolojik Açıklaması
- 62 İradenin Rolü
- 64 İrade ve Özgürlük
- 66 Çocuk ve İrade
- 68 Kapris Dönemi
- 69 İrade Eğitimi ve Önemi
- 70 İrade Eğitiminde İki Aşama
- 71 Kendini Bilmek
- 72 Düşünce Eğitiminin İrade Eğitimine Etkisi
- 72 Beden Eğitiminin İrade Eğitimine Etkisi
- 73 Tembellik
- 76 Eğitim Yöntemleri
- 78 İnatçılık
- 79 Eğitim Yöntemleri

BÖLÜM 4

- 81 Karakter
- 84 Karakterin Unsurları
- 85 Mizaç
- 86 Huy
- 87 Karakterin Normal Gelişimi
- 87 Karakterin Değişken Gelişimi
- 89 Karakter Grupları
- 93 Düşüncenin Genel Yönleri
- 95 Karakterin Teşhisi
- 96 Karakter ve Çocuk
- 97 Karakter Eğitimi
- 102 Pratik Araçlar
- 102 Karakter Gözlemleri
- 103 Fiziksel Gözlem
- 104 Manevî Gözlem
- 106 Çevre Gözlemi
- 108 Gözlem Hakkında Uyarılar

Anne ve Babalara

Çocuk, belirsiz zaman kavramı içerisinde belirgin bir gelecek demektir. Yalnızca sevilmeye değil, aynı zamanda incelemeye ve özen göstermeye onun kadar muhtaç ve bunu hak eden, dünyada başka hiçbir konu düşünülemez.

Çocuklarımızı yalnızca kişisel hazzımız için sevmekle yetinmemeli, neslimizin ve milletimizin geleceği açısından da incelemeyi ve ideal bir şekilde yetiştirmeyi de görev bilmeliyiz.

Çocuklarınızla olabildiğince ilgileniniz!... Onların ruhunu anlamaya çalışınız!... Göreceksiniz ki, bu "yüce konu"yla uğraşmak, size hem çocuğunuzu, hem de insanlığınızı daha fazla sevdirecektir.

İbrahim Alâettin Gövsa

Sunuş

Elinizdeki bu eser, ilk kez Milli Eğitim tarafından "Çocuk Ruhu" adıyla yayınlanmıştır. Kendisi de bir öğretmen olan yazarın bu eseri öğretmen okullarında okutulmuştur. Kitap, ailede ve okulda çocuk eğitiminin önemini ve yöntemlerini anlatmaktadır.

Çocuk ruhunun yetişkinlere oranla önemli farklılıklar taşıdığı uzmanlar tarafından tespit edilmiştir. Gelişmiş ülkelerde çocuğun psikolojik ve zihinsel gelişimi konusu her yönden çok ilerleme göstermiş, nitelikli ve sağlıklı toplumun oluşmasında iyi eğitilmiş çocuğun; önemli bir faktör olduğu tespit edilmiştir.

Herkesi, özellikle anne-babaları, eğitimcileri, öğretmenleri, kreş uzmanlarını ve çocuk bakıcılarını ciddi bir şekilde ilgilendiren çocuk eğitimi, geleceğimizin en önemli ve hayatî konusunu oluşturmaktadır. Çocuk eğitiminin bütün yönleriyle ele alındığı bu eser, özellikle çocuğun zihinsel yönden geliştirilmesine yardımcı olacaktır.

Yüzyıllar boyu eğitimin dayanağı, toplumların gelenekleriyle ve ihtiyaçlarıyla sınırlı olarak kabul edildiğinden, çocuk psikolojisi ve eğitiminin önemi ancak son birkaç yüzyılda kavranılmaya başlanmıştır. Çocuk eğitimi konusu, ülkemizde yeterince ilgi gösterilmemiş çok önemli bir konudur.

Elinizdeki bu kitap, ailede ve okulda çocuk eğitiminin önemini ve yöntemlerini anlatmaktadır. Nitelikli bir toplumun ve altın nesillerin ancak başarılı bir çocuk eğitimiyle oluşabileceğine inanan yayınevimiz, bu hedefin gerçekleştirilmesinde ilk adımı atmaktan dolayı mutluluk duyar.

Editör

Davranış Biçimleri

Davranış veya hareketlilik (La vie active ou motrice) ruhsal olayların belirtilerinin, ruha sahip her varlığın bir davranış veya hareketle çevresine tepki vermesini ifade eder. Bütün ruhsal olaylar, hareketlere dönüşme ihtimalindedirler. Ama bütün hareketlerin mutlaka ruhsal olayların birer belirtisi olması gerekmez.

Örneğin bitkilerde büyümeyle birlikte meydana gelen yavaş hareket, fiziksel veya kimyasal faktörlere dayalı olup, bir ruhsal olayın belirtisi şeklinde değildir. Bunun gibi çok basit hayvanların da bazı fiziksel veya kimyasal faktörlerin etkisiyle bir istikamete yönelmek suretiyle hareketleri de, bilince dayalı oldukları hakkında bilgi bulunmadığı için, ruhun bir reaksiyonu şeklinde yorumlanamazlar.

Bitkilerin bu şekildeki hareketine "geotropisme" ve "photo-tropisme", basit hayvanların bu hareketlerini de "tropisme" ve "tactisme" denilmektedir.

Hareket ve faaliyet canlılarda bilincin ifadesidir. Canlı varlıklar arasında bitkilerin bilince sahip olduğu kabul edilmesi, toprağa bağlı olmasından, gıdasını temin etmek ve çevresine uyum sağlamak için hareket ihtiyacında bulunmasındandır.

Hayvanlar ise; yaşamak ve varlıklarını muhafaza etmek

için hareket etmeye mecburdurlar. Buna göre hayata sahip olan canlıların faaliyet biçimleri, ruhsal hayatlarındaki karmaşıklığın sonucudur.

Bu nedenle tek hücreli ve çok basit hayvanların oldukça tek düze biçimdeki basit hareketlerini burada ele almaya gerek görmeyerek ruhun karmaşıklığına işaret eden daha karışık faaliyetlerin üzerinde durmaya çalışacağız.

Hareketlerin Değişik Şekilleri

Hareketler öncelikle kendiliğinden (spontane) ya da bilinçli (volontaire) olmak üzere ikiye ayrılırlar.

Kendiliğinden faaliyetler, düşünmeye ve seçime muhtaç olmayan hareketlerdir ki, refleks hareketi (Les mouvements refleks) ile içgüdülerden (Les instincts) oluşur.

Bilinçli hareketler ise, düşünmeye ve seçime dayalı olan hareketlerdir.

Eğer bilinçli hareketler tekrarlanma sonucunda düşünmeye ve seçmeye gerek kalmadan ortaya çıkarsa bunlara da "alışkanlık hareketleri" denir.

Biz bu kitapta davranış ve hareketliliğin bu çeşitli şekillerini ele alacağız.

Canlıların bedensel faaliyetlerinden, fiziksel ve görünür şekildeki faaliyetlerinden sözederken şurasını da önemle hatırlatalım ki, ruhsal faaliyetleri yalnızca bedensel ve görünür hareketlere bağlı kâbul etmek, ona oldukça dar bir anlam vermek demek olur.

Bu dizinin önceki kitaplarında da belirtildiği gibi, insanın bir de manevi faaliyetleri vardır. Zaten bir an durup düşünecek olsak ve kendi ruhsal gücümüzü dikkatle analiz edecek olsak, ruhumuzda ne kadar çeşitli faaliyetlerin meydana geldiğini görürüz.

Düşünce hayatında özellikle yargı, muhakeme ve yaratıcı hayâl gücünün her biri önemli faaliyettir ki, biz bunlara "yaratıcı güç" (Elaboration de la connaissance) yetenekleri diyoruz.

Bu durumda bedensel faaliyetler, canlıların bütün faaliyetlerinin ancak dış belirtileridir. Bütün faaliyetler de bedensel hareketlerden ibaret değildir.

BÖLÜM 1
Refleksler ve İçgüdüler

Kendiliğinden, yani bilincimizin ve seçimimizin etkisi olmaksızın meydana gelen faaliyetlerin en basiti refleksler, onlardan daha ölçülü olanı da içgüdülerdir.

Refleksler (Lo mouvement reflexes): Bedenin yüzeyindeki duyu sinirlerinden birine yapılan uyarıya karşılık anında ortaya çıkan bilinçsiz bir harekettir. Refleksler genelde bizim gayretimize rağmen kendiliğinden ve uyarının mahiyetine göre meydana gelir.

İçgüdü (L'instinct): Hayvanın ait olduğu türe özel olan doğal ve karmaşık bir faaliyet eğilimidir.

Refleksler ve içgüdüler arasındaki başlıca farklar şunlardır:

1) Genel olarak içgüdülere dayalı faaliyetler, reflekslere dayalı faaliyetlerden daha karmaşık ve bileşiktirler. Örneğin bir kurbağanın ayağına iğne batırıldığında, beyni çıkarılmış olsa bile ayağını derhal yukarıya doğru çektiği görülür. Bu tepki ani bir etkiye karşılık yapılmış basit bir harekettir; bir reflekstir.

Oysaki kurbağanın düşmanlarından saklanması, yuva kurması vb. gibi türüne mahsus faaliyetleri yapması daha katışık, daha karmaşık faaliyetlerdir ve birer içgüdü sonucudur.

2) Refleksler, her zaman olmasa bile genellikle bilinçsizdir. Oysaki içgüdüye dayalı olan faaliyetler bazen bilinçsiz, ama çoğu zaman bilinçlidir. Yani içgüdüye dayalı uyumlar, nisbeten bilince daha çok dayalı olur.

Örneğin yanıbaşında bir silah sesi duyan bir kuşun alışmadığı bu sesten ürkerek kaçması bir reflekstir. Oysaki düşmanından korunmak için birçok harekette bulunması ve önlemler alması, varlığını korumak içgüdüsünün nasıl sürekli ve düzenli, yani az çok bilince dayalı faaliyetlerden oluştuğunu gösterir.

3) Refleks, dış uyarının etkisine yöneliktir. Oysaki içgüdü içten gelen bir uyarıya bağlı bulunur.

Örneğin kuyruğuna basılan veya yabancı sesler işiten ya da diğer köpeklerin havladığını duyan bir köpeğin havlaması bir reflekstir ve dış uyarıya dayalıdır. Oysaki bir köpeğin yiyecek araması ve erkek köpeğin dişi köpeği izlemesi içgüdüye dayalı bir harekettir, yani iç uyarıya dayalıdır.

4) Refleks her zaman ortaya çıkabilir. Ama içgüdüye dayalı fiiller kesintili ve nöbetlidir. Örneğin dizkapağımızın biraz aşağısına elimizin yanıyla vurduğumuz zaman, oradaki hareket sinirini uyararak bacağımızın bilinçsiz hareketine neden oluruz.

İnsanda bu hareket bazı hastalık halleri dışında her zaman görülebilir. Ama oyun içgüdüsü her zaman kendini göstermez.

Aynı şekilde ışığın etkisiyle gözbebeğinin küçülmesi bütün

hayvanlarda, özellikle de kedilerde bir refleks olarak her zaman vardır. Ama tavuk kuluçkaya yatmak, kuş yuva yapmak için belli zamanları beklerler. Çünkü bunlar içgüdüye dayalı hareketlerdir.

5) Refleksler tüm hayat süresince insanda her zaman ortaya çıkabilirler. Oysaki içgüdüye dayalı faaliyetler zamanla kaybolabilirler. Örneğin cinsel içgüdü yaş ilerledikçe veya cinsel işlevin sürekli ihmal edilmesiyle yokolabilir. Ama bir hastalığa dayalı olmaksızın yokolan bir refleks bulunamaz.

6) Refleksler, nedeni ve durumu ne olursa olsun birbirine benzer olarak belirirler. Oysaki içgüdüler nisbeten değişkendirler. Nedene ve duruma göre değişik olarak ortaya çıkarlar.

Sözgelimi kuşlar yuvalarını yapmak için her zaman aynı malzemeyi kullanmayarak çevre şartlarına göre hareket ederler.

Bütün bu farklara rağmen gerek insanlarda ve gerekse hayvanlarda bazı hareketler bulunabilir ki, bunların refleks mi veya içgüdü mü oldukları kesin olarak anlaşılamaz.

İçgüdü ve Bilinçli Faaliyet

İçgüdüye dayalı faaliyetle, zekâ ve iradeye dayalı faaliyeti biribirinden ayırmak her zaman kolay değildir.

Genel olarak içgüdüye dayalı faaliyet bilinçsiz bir güçtür. Yani o faaliyeti yapmak için bilincin herhangi bir etkisi mevcut değildir. Yapılan hareketlerden bilincin haberi bulunmuş olsa bile, bilinç onu icat etmiş değildir.

İçgüdü böyle bir bilinç ve ilerigörüşlülükten yoksun bir güç olduğu için, normal durumda en isabetli ve ihtiyaca en uygun şekilde ortaya çıktığı halde, bazen de ilginç bir şekilde aldanır.

Örneğin bir örümcek kendi yumurtalarını taşıyan kozayı nasıl özenle korur ve himaye ederse, ağına giren bir mantar parçasını da o şekilde gelişme zamanına kadar saklar.

Bir kedi, taş veya parke döşeli bir yere dışkısını yaptığı zaman bile onu örtüyormuş gibi hareketler yaparak yeri eşeler.

İçgüdü ilk belirtisinde bile mükemmeldir. Yani tecrübeye muhtaç değildir. Örneğin bir tırtılı iğnesiyle sokup öldürmeden felce uğratan bir yaban arısı, önceden bunu tecrübe etme ihtiyacında olmaz. Bu hareket ender olarak başarısız olsa bile çoğu zaman arı iğnesini böceğin en uygun yerine sokarak onu öldürmeden felce uğratır.

İçgüdünün belirme biçimi genelde değişmez. Fakat bazı hallerde bu vasfı değiştiren esnekliğe de rastlanabilir. Örneğin bir serada yuva yapan kuş, gündüzleri sıcaklığın yeterli olduğunu hissettiği için, yumurtalarının üzerinde sadece geceleri yatar.

İçgüdüye dayalı hareketler kalıtsal ve çeşitlidir. Üç saat önce yumurtadan çıkan bir civciv, hiç örneğe ihtiyaç duymaksızın önüne konan bir ekmek içini gagalayabilir.

Aynı türe mensup bütün hayvanlar, aynı organik işlevlere sahip ve aynı içgüdülerle donatılmışlardır.

İçgüdü faaliyetleri ancak yönelik olduğu alanlar için mükemmel olup, diğer alanlarda yararlı olmazlar. Örneğin iyi bir matematikçinin güçlükle yapacağı bir prizmayı peteklerinde kolayca temin eden bir arı, bir sürahiye düşünce veya ışığa karşı delikli bir cama çarpınca kendisini bu engellerden kurtara-

cak bir hüneri çok güçlükle gösterebilmektedir.
İçgüdü faaliyetleri aralıklıdır. Yılın veya hayatın belli dönemlerinde ortaya çıkar.

Annesinin göğsünü emmek, yeni doğmuş bir bebekte bir içgüdü halindeyken, ilk günlerde çay kaşığıyla kendisine süt verilince bir süre sonra meme içgüdüsünü kaybetmektedir.

İçgüdülerin işte bu özellikleri, bilinçli faaliyetlerle aralarınnadki başlıca farkları oluşturur.

İçgüdü Türleri

İçgüdüler öncelikle basit içgüdüler ve karmaşık içgüdüler olmak üzere ikiye ayrılabilirler:

1) Basit içgüdüler (Les instincts primaires), hiç değişik olmamak ve organizmanın ihtiyaçlarına doğrudan doğruya bağlı olmak özelliğini taşırlar.

Korunma, beslenme, avlanma, hücum etme, savunma, göç etme, yerleşme, cinsellik ve yuva ile nesli koruma eğilimleri basit ve yaşamsal içgüdülerdir.

Bunların bir kısmı beslenmede olduğu gibi doğumdan hemen sonra belirir, bir kısmı da cinsellikte olduğu gibi zamanla ortaya çıkar.

2) Karmaşık içgüdüler (Les instincts secondaires), zekânın ve bilincin etkisiyle çağrışımları az çok dönüşmüş olan ya da yalnızca yetenek şeklinde bulunup, ataların eğilimlerine ve ancak bazı noktalarda ve genel hatlarıyla benzerlik gösteren içgüdülerdir.

Örneğin yukarıda sözettiğimiz gibi serada yuva yapan kuşun, gündüzleri yumurtalarının üzerinde yatmak mecburiyetini hissetmemesi, içgüdüden uyanan çağrışımlara, bilincin bir dereceye kadar müdahale etmesinden kaynaklanıyor demektir.

Aynı şekilde güzel sanatlarda, bilimde ve teknolojide, uzmanlık isteyen alanlarda bazı ailelerin nesilden nesile benzer yetenekler göstermeleri, hatta bu doğrultuda yazılarında da benzerlik göstermeleri genel özellikler itibariyledir ve karmaşık içgüdü olarak kabul edilirler.

Norveç'te atların dizginsiz olarak yalnızca sesle kumanda edilebilmeleri de bazılarına göre bu tür bir kalıtımdan gelme karmaşık bir içgüdüye bağlıdır.

İçgüdüleri yönelik oldukları amaçlara göre de tasnif edenler vardır:

1) Kişisel içgüdüler: Korunma, beslenme, avlanma, saldırı ve savunma gibi kişinin varlığını korumaya yarayan isteklerdir.

2) Çeşitli içgüdüler: Cinsellik, yuva yapmak ve nesli muhafaza etmek gibi isteklerdir.

3) Sosyal içgüdüler: Kunduz, arı ve karınca gibi hayvanlarda görüldüğü gibi birlikte yaşamak, bir başkana veya teşkilata bağlı olmak gibi isteklerdir.

Refleks ve İçgüdü Merkezleri

Basit bir refleks merkeze giden bir sinir aracılığıyla alınmış bir uyarıya, merkezden gelen bir sinir aracılığıyla herhangi bir sinir merkezinin verdiği karşılıktır.

Eğer bir uyarı sinir sisteminin bir kısmını işgal eder ve çeşitli veya sürekli hareketleri doğurursa, o zaman ortak bir refleks oluşmuş olur.

Eğer refleks beyin tarafından bile idrak edilmiş bir uyarıyı ortaya çıkarıyorsa, bu da genel refleks mahiyetindedir.

Basit reflekslerin merkezi omurilik ile beyin soğanı, karmaşık ve genel reflekslerin merkezi de beyindir.

İçgüdü şeklindeki faaliyetlerin merkezi de bütünüyle beynin yüzeyidir. Beyin merkezleriyle ilgili deneyler bu gerçeği ispatlamıştır.

İçgüdü halindeki faaliyetlerin oluşma biçimi genel ve ortak reflekslerin faaliyetine benzer. Ancak hem daha karmaşık, hem de daha çok bilinmiş olur.

Reflekslerle İçgüdülerin Rolü

Refleks gayet çabuk ve amaca en uygun bir faaliyet biçimi olduğu için, çoğu kez canlının başarısı ve tehlikeden kurtulması için en uygun ve en kestirme faaliyeti oluşturur. Hatta bu yönüyle bilinçli davranıştan bile üstündür.

Kızgın bir sobaya dokunan elin derhal çekilmesi bir refleks sonucudur ki, insan bu hareketi uykudayken bile yapar.

Bir uyarı canlının herhangi bir isteğini uyandırır. O istek de elindeki sinir gücünü hemen kullanır. Bu da ruhsal ve duygusal hayatın en basit bir şekli olan refleksi doğurur.

İçgüdüler de refleksler gibi hızlı, güvenilir ve az zahmetli bazen de bilinçli faaliyetlere üstün bir şekildeki hareketleri doğurur. İçgüdüler heyecanların başlıca uyarıcılarıdırlar. En heyecanlı insanlar, içgüdülerine en çok bağlı olan insanlardır. Nitekim ilkel insanlarla çocuklar, insanlık toplumunda en heyecanlı grubu oluştururlar.

Çocukta Refleksler ve İçgüdüler

Çocukta doğmadan önce bile bitkisel hayata özgü olan reflekslerin varlığına şüphe yoktur. Doğduğu zaman bağırması da solunumdan kaynaklanan bir refleksten başka birşey değildir.

Bu sırada duyuları çeşitli duyuşları algılamaya uygunsa da, bu duyuşlar ancak refleks türünden olan tepkileri oluşturmaya yararlar. Doğum sonrası ilk yirmi dakikada gözbebeğinin ışık karşısında küçülmesi, herşeye dokunan elin yumulması, esneme, ağlama, şaşırma, emme, hafif aydınlığa bakma, parmağı ağıza sokma ve gürültülü seslerden ürküp sıçrama gibi reaksiyonlara rastlanır.

Bununla birlikte çocuk doğumdan sonraki ilk haftalarda faal olmaktan çok, hareketsizdir. İlk ay içinde günde onaltı saat uyur. Uyandığı zaman reflekslerden ve basit içgüdü hareketlerinden oluşan kendiliğinden genel bir faaliyette bulunduğu görülür. Bütün vücudu hareket halindedir. Ancak bu hareketler düzensiz ve amaçsızdır; omurilikten kaynaklandığı bellidir.

İçgüdüler

İlk zamanlardan itibaren çocukta reflekslerle birlikte emmek gibi birtakım içgüdü faaliyetlerinin ortaya çıktığı da görülür. Bu içgüdü, canlının doğasına ve ihtiyacına uygun olarak belirmektedir.

Nitekim Preyer'in bu konudaki gözlemleri, o uyumun mükemmelliğini çok güzel ortaya koyar:

"Çocuk ağzına her sokulan şeyi emiyor. Emeceği şey en azından memeye benzemelidir. Fazla büyük ve sert, fazla sıcak veya soğuk, tadı acı veya tuzlu ya da ekşi olmamalıdır. Çocuğun emme konusundaki çeşitli hareketleri her zaman ihtiyaca göre belirmektedir."

Çocuğun meme emme konusundaki hareketleri kısa bir süre sonra bilinçli hale gelmektedir. Bunu gösteren durum, beslenmeyle ilgili istek ve heyecan göstermesidir.

Birkaç ay sonra çiğneme hareketleri de tıpkı emmekte olduğu gibi belirmeye başlıyor ve bir süre iki hareket birlikte devam ettikten sonra, ikincisi öncekinin yerine geçiyor. [1]

---

(1) Oğlum İlhan, doğduğu dakikalarda dudaklarına birşey dokundurmaksızın bile emme hareketini tekrar ediyordu. Sonraları emme hareketini biraz acıktığı veya yorulduğu ya da uykusu geldiği zaman tekrar ederdi. Hatta çoğu zaman kendi aleminde dudaklarıyla emme uğraşı onun gereksiz yere ağlamasına ve huysuzlanmasına engel oluyordu.
İlhan, memeden kesildikten sonra bile kendi halinde emme uğraşını sürdürdü. Yorulduğu, uykusu geldiği, acıktığı, hatta dalgın olduğu zamanlar emme içgüdüsü çocukta yedi yaşına kadar devam etmiştir. Yedi yaşında bir çocuğun emme hareketlerini taklit etmesi gülünç olduğu için sonraları bizden saklar, ama dalgın bulundukça yine tekrarlamaktan vazgeçmezdi. Birgün kendisini çocuk uzmanı Doktor Kadri Raşit Paşa'ya götürmüştük. Doktor, bir daha emerse dilinin altından ameliyat yapacağını söyleyerek onu korkuttu ve çocuk, ancak bu güçlü telkinden sonra emme içgüdüsünün bilinçsiz belirtisine güçlükle çaba sarfederek engel olmaya başladı.
Bununla birlikte şimdi bu korkunun yersiz olduğuna aklı erdiği için acıkınca, yorulunca ve uykusu gelince ya da dalgın olduğu zaman, ağzıyla meme emme hareketini on yaşına geldiği halde tekrarladı.")

Yaklaşık 52. günde eşyayı alıp muhafaza etme hareketi, 252. günde de eline geçirdiği şeyleri ağzına götürme hareketi görülüyor.

Yürümek, birçok kas hareketinin birlikte işlev görmesine bağlı olmakla birlikte, çocuğun hareketlerinde doğal bir halde ortaya çıkar. Örnekler olmasa ve anne-babanın teşvikleri olmasa bile yürümek fiili çocukta doğal olarak meydana gelir.

Yapılan gözlemler çocuklarda oturmak, ayakta durmak, koşmak, yürümek, sıçramak, tırmanmak, eline geçirdiğini fırlatmak gibi hareketlerin çeşitli dönemlerde ortaya çıktığını ve hepsinin de içgüdülerden kaynaklandığını göstermiştir.

Yerde emekleyen, sıçrayan ve tırmanan hiçbir kimseyi görmemiş olan bir çocuk bile bu konuda alıştırılmaya muhtaç olmaksızın o hareketleri kendi kendine ve aynen yapabilecektir.

Çocuğun kendiliğinden hareketleri anaokulunda, hatta ilkokullarda bile gözlemlenebilir. Çocuk görünür bir neden olmaksızın ve düşünmeksizin kımıldanır, kollarını, bacaklarını hareket ettirir, yatar, kalkar ve durumunu değiştirir. Bu içgüdüsel hareketleri yavaş yavaş ve özellikle okulun etkisiyle düzene girer.

Kısacası çocuğun ilk hareketleri doğal ve zorunludur. Zamanla bilinçsiz istekleri bu hareketleri bir istikamete yöneltmeye başlar. Düşünme ve gayret sonucunda da iradî hareketler belirir. Bu hareketler tekrarlandıkça da alışkanlık ortaya çıkar.

İşte bu şekilde çocuğun başlangıçta refleks ve içgüdü merkezlerine bağlı olan faaliyetleri yüksek merkezlere bağlı olmaya başlar.

Eğitim Yöntemleri

1) Zekâ ve iradeye dayalı faaliyetin ilk unsurları kendiliğinden faaliyetlerdir. Hiçbir iradî hareket yoktur ki, reflekslerin veya içgüdülerin bir toplamı veya ard arda yinelenmesi olmasın.

Bu durumda çocuğu normal faaliyetlerden alıkoymak, güldüğü, ayağını oynattığı, başını kolunu dayadığı için cezalandırmak büyük bir hata olur. Çünkü en yüksek faaliyetler, bu şekilde engellenen hareketlerden doğacaktır.

Kendiliğinden hareketler yalnızca çocuğun sağlığı için değil, aynı zamanda gelecekteki faaliyetlerinin de birer taslağıdır. Bu nedenle küçük çocuğu hareketlerinde mümkün olduğu kadar özgür bırakınız.

Okulda teneffüs saatinin bitişini bildiren zil çalındığı zaman çocuğun fazla faaliyet durumundan sakin hale doğal bir biçimde geçebilmesi için anlayışlı olunuz. Hatta bu dönüşümü aşamalı sağlayabilmek için sınıfta bir şarkı veya kısa ve eğlenceli bir hikâyeyle derse başlayınız.

Ancak uyarılması gereken bir hareketi, eğer bilinçli olarak yapılmışsa kesinlikle hoş karşılamayınız.

2) Reflekslerle içgüdüler merkezlerinin, yüksek merkezlere bağlanmasını sağlamaya çalışınız. Bu konuda doğuştan itibaren alınacak önlemler vardır.

Çocuğun meme emme zamanlarını düzene bağlı tutmak, bazı hareketlerini yasaklamak ve bütün alışkanlıklarını zamanla sosyal hayatın gerektirdiği biçime sokmak ve bu konuda mümkün olduğu kadar erken davranmak gerekir.

Çocuğun omurilikten gelen faaliyetlerini, beyin faaliyetlerine bağlı bulundurmak için doğasının dürtülerinden ve uygun eğilimlerinden yararlanınız.

Kendisiyle ilgilenmesini ve dikkatsizliklerinin sonuçlarını incelemesini ve bu incelemelerden pratik yararlar çıkarmasını sağlayınız.

3) Çocuğun hareket merkezlerini ortak faaliyette bulunmasını sağlamak için beden eğitimi hareketlerinden yararlanabileceğini sürekli aklınızda bulundurunuz. İlkokullarda jimnastiğin amacı kasların güçlenmesi değil, hareket merkezlerinin düzen ve işlerlik kazanmasıdır.

Çocuk faaliyetlerinin düzenliliği ve kendiliğinden bir düzene bağlanması hususunda beden hareketlerinin ve çeşitli oyunların büyük etkisi vardır. Hareketlerin eğitilmesinin gereği ilkokullarda mutlaka uygun bir oyun alanının mevcut olmasını gerektirir.

4) Elişlerinin her çeşidi çocuğun hareket merkezlerinin eğitimi için çok yararlıdır. Başlangıçta birer pençe gibi savruk ve beceriksiz olan çocuk eli, örme, bükme ve kesme işleriyle, karton, çamur, tahta ve demir üzerindeki faaliyetleriyle birer hünerli yetişkin eli haline girer; yani iradî faaliyete uygun birer araç olarak gelişir.

5) Ellerin eşitliği, yani sol elin de sağ el derecesinde hüner kazanması (L'ambidextrie) konusuna özellikle Amerikalı eğitimciler çok önem vermektedirler. Hatta sol elin de sağ el derecesinde yetenek kazanmasını konuşma yeteneği için de yararlı sayanlar vardır. Çünkü Bacon'un buluşuna göre dil merkezi beynin sol yarım küresinde bulunmaktadır ve sağ yarım küre sola oranla daha az gelişme göstermektedir.

Bu bilgiye dayanılarak, eğer vücudun sol tarafı da sağ taraf gibi işleyecek olursa, beynin sağ yarım küresi de gelişme gösterecek ve iki elin hünerindeki eşitlik bireyin değerini arttıracaktır denilmektedir.

Ancak sol elin işlemesiyle konuşma yeteneğinin gelişeceği kanaatini deneyler ispatlayamamıştır. Hatta bazı Amerikalı eğitimciler, bu durumun konuşma yeteneğine zarar verdiğini bile ileri sürmüşlerdir.

Sol eli işletmenin konuşma yeteneğini azaltacağı hakkındaki zanlar kesin değilse de, ellerin eşitliği sağlandığında basit hünerlerin çoğalacağını da birçok eğitimci inkar etmektedir.

Zaten genel kural gereği fonksiyon (fonctionnement) ların değişikliği ilerlemenin şartlarından biri olduğuna göre, ellerin eşitliği problemi de bu genel kurala muhalif görünmekte ve işlev olarak iki elin aynı role sahip olmadıkları da gözlemlenmiştir.

Sol el, her zaman sağ ele yardımcı durumundadır. Buna göre çocuğun sol elini de sağ eli derecesinde işletmesi gerekli değildir. Solak olmayanlarda, sol elin ancak kendi rolünü ifa edecek biçimde gelişmesi gerekir.

6) Madam Montessori'nin anaokulundaki çocuklar için uyguladığı sessizlik dersi (Leçon de silence) küçük çocukların hareketlerini kendiliklerinden düzenli kılmaya alıştırır. İşitme deney ve alıştırmalarından, müzik alıştırmalarından ve çeşitli araçlardan yararlanılarak yapılan bu sessizlik dersi, ilkokul öğretmenleri ve bütün eğitimciler için de incelenmeye ve yararlanmaya değer bir konudur.

7) Yüzde ve organlarda elde olmadan meydana gelen sinir ka-

sılması, yani tikler (Lestics), genellikle kaybolmuş bir duyunun veya önceden etkisi altında kalınmış olan bir düşüncenin izi olabilir.

Göz kapaklarını sık sık açıp kapama hali, geçmiş bir göz nezlesi rahatsızlığından kalmış olabilir.

Boynun ikide bir de elde olmadan kımıldatılması, önceden gömlek yakasının tahriş etmesinin izi olabilir.

Bu tür sinirsel tiklerin tedavisi genellikle hareketlerimizin düzenli olmasıyla mümkündür. Yapılacak telkinler ve bu hareketlerin tekrarlanmasını izleyen uyarılar, adeta bir reaksiyon halini almış olan tikin terkedilmesini sağlayabilir.

BÖLÜM 2
Alışkanlık

Kendiliğinden ortaya çıkan irade ve seçimimizin etkisi olmaksızın meydana gelen faaliyetlerimizin bir şekli de alışkanlık (L'habitude) tır.

Refleksle içgüdüye dayalı faaliyetlerin doğal olmasına karşılık, alışkanlık kazanılmış bir eğilimdir. Önceden yapılmış bir faaliyetin tekrarlanması eğilimidir.

Alışkanlık davranışları için kendiliğinden hareketlerimizin en önemlisidir demek yanlış olmaz. Çünkü alışkanlık, ruhsal hayatın ayrıntılarından değildir; belki de büyük bir kanundur. Kişinin bütün fiziksel ve ruhsal hayatında egemen olur.

Hatta yalnızca fiilî hayat değil, zihinsel ve duygusal hayat olayları da alışkanlık eseri olabilirler. Yani alışkanlıklar, yalnızca hareket ve faaliyetlerimizde değil, düşünce ve duygularımızda da, yani bütün manevi hayatımızda da etkindir.

Alışkanlık Biçimleri

Alışkanlıklar çeşitli yönlerden birbirinden ayrılır. Öncelikle aktif ve pasif alışkanlıklar olarak ikiye ayrılır.

Aktif alışkanlıklar (Les habitudes actives), aynı hareketleri tekrarlama konusundaki kazanılmış ve sürekli yeteneklerdir: Yazmak, hesap yapmak, piyano çalmak ve ezbere bir şey okumak gibi.

Pasif alışkanlıklar (Les habitudes passives), aynı etkilere tahammül etme konusundaki kazanılmış ve sürekli yeteneklerdir: Çok soğuk veya çok sıcak yerlerde güçlük çekmeksizin yaşayabilmek, fazla miktarda herhangi bir zehiri, belirgin organik bir bozukluğa maruz kalmaksızın içebilmek gibi. Pasif alışkanlıklar için "bağışıklık" (L'accoutumence) tanımı daha uygundur.

Alışkanlıkları ruhsal hayattaki alanları itibariyle de üçe ayırabiliriz: Hareketli, zihinsel ve duygusal alışkanlıklar.

Hareketli alışkanlıklar: Yürümek, yüzmek, dans etmek, paten kaymak, bisiklete binmek, koşmak gibi davranışlar bu tür alışkanlıklardır.

Zihinsel alışkanlıklar: Hesap yapmak, ezberlemek, hikâye, roman ve şiir yazmak, belli bir biçimde yargıda bulunmak, bir olayla ilgili önceden yapıldığı gibi açıklamalarda bulunmak gibi durumlardır.

Duygusal alışkanlıklar: Sigara ve içki kullanmak, kumar oynamak, dostlarını, çevresini, memleketini özlemek gibi alışkanlıklardır.

Alışkanlık Nasıl Ortaya Çıkar?

Bir alışkanlığın ortaya çıkmasında ilk hareket şeklinin mutlaka izi vardır. Alışkanlığın asıl nedeni davranıştır. Kahve veya lokantada ilk kez tesadüfen nereye oturmuşsak, ikinci kez yine oraya oturmak isteriz.

Eğer herhangi bir hareket bizde iz bırakmamışsa bir alışkanlık da oluşturmaz. Her alışkanlık mutlaka ilk davranış biçimine bağlı bulunur. Her yeni hareket, yeni bir alışkanlığa neden olabilir. Bir davranış biçimi muhakkak ikincisini davet eder. Çünkü ikinci faaliyette daha kolaylık vardır. Örneğin bir jimnastik hareketi ikinci kez tekrarlandığında kolayca yapılabilir.

İlk davranış biçiminin izini taşıyan alışkanlık, bu davranış tekrarlandıkça güç kazanıyor ve gelişiyor. Bu durumda tekrarlama, alışkanlığın güç kazanmasının nedenidir.

Eğlence düşkünü bir kişi meyhaneye her gittiğinde, ertesi gün de gitme ihtiyacı hissedecektir. Tekrarlama sonucunda alışkanlık, kişinin iradî faaliyetini yok edecek derecede güçlü ve zorlayıcı olabilir. Meraklar, saplantılar, ihtiraslar, güçlü alışkanlıkları doğurmaktadır.

Alışkanlığın Sonuçları

1) Alışkanlık, hareketlere hız, kolaylık ve mükemmellik veriyor ve sonuç olarak hareketlerdeki güveni çoğaltıyor ve yorgunluğu azaltıyor.

Alışkanlık ortaya çıkmadan önce belli bir amaca yönelik olan faaliyetlerimiz yararsız, boşuna ve hatta zararlı bazı hareketlerle bozukluk gösterir. Yazıya ilk başlayan çocuk, yalnızca bir eliyle değil, bütün kolları, vücudu, ayakları ve hatta dışarıya sarkan diliyle birlikte faaliyet halindedir. Bisiklete ilk kez binen biri, kolları ve ayaklarıyla gereksiz hareketler yaparak boş yere yorulur. Dans etmeye ilk kez heves eden biri, gereksiz ve anlamsız hareketlerle boşuna çaba harcar.

Oysaki bütün bu faaliyet biçimleri, alışkanlık ve tekrar sonucunda hem çabukluk, hem kolaylık, hem de düzenlilik kazanıyor ve yoruculuğunu yitiriyor. Acemi biri nota okumaya ilk kez heves ettiğinde işkenceye benzer bir zorluk yaşar. Oysaki alışkanlık kazanmış bir piyanist, notasını bir taraftan göz ucuyla süzerken, bir yandan da piyanonun tuşlarında uçan parmaklarıyla bir müzik çağlayanı yayar.

2) Alışkanlık, hayatımızın birçok faaliyetlerinde bilincin kaybolmasını ve içgüdünün (L'automatisme) ortaya çıkmasını doğuruyor. Alışılmış bir davranışı tekrarlarken dikkat etmeye gerek görmeyiz ve adeta bilinçsizce hareket ederiz. Karanlıkta evimizin merdiveninden çıkarken dikkate muhtaç olmayız. Bir marangoz, işini aksatmadan yanındakilerle sohbet edebilir.

William James, bu konuda şunları söyler:

"Kötü huylarımız alışkanlık ürünü olduğu kadar, faziletlerimiz de alışkanlıklarımızın eseridir. Sonuçta bütün hayatımız, mutluluğumuz ve felâketimiz için oluşmuş, karşı konulmaz bir şekilde bizi kaderimize yönelten, düşünsel, duygusal ve pratik bir alışkanlıklar toplamından başka birşey değildir.

Sinir sistemimiz faal olduğu yönde gelişme gösteriyor. Tıpkı bükülmüş veya buruşturulmuş bir kağıt veya elbisenin aynı kıvrımları alması gibi.

Bu durumda alışkanlık, ikinci bir doğamızdır. Uyandığımız

Çocukta Davranış Gelişimi 39

zamandan, tekrar uyuyuncaya kadar yaptığımız faaliyetlerin % 99'u tamamen otomatik ve bilinçsizdir.

Elbisemizi giyip çıkarmamızın, yiyip içmemizin, selam veriş biçimimizin, görgü ve nezaketle ilgili hareketlerimizin, hatta günlük konuşmamızın biçimsel tekrarı ile, o kadar yerleşik ve belli olaylar haline gelmiştir ki, onlara adeta yansıma denebilir. Her türlü etkiye karşı bizim belli içgüdüsel bir karşılık verme biçimimiz vardır. Bir alışkanlıklar demeti olmak üzere bizler birer kopyacı varlıklarız. Geçmişteki benliğimizin taklitçisi ve kopyacısıyız."

İçgüdülerin bile çeşitli alışkanlıklar olduğu düşünülürse, alışkanlıkların insan hayatı üzerinde oldukça önemli bir etkiye sahip oldukları anlaşılır.

Çocuk ve Alışkanlık

Yeni doğmuş bir bebeğin ruhsal hayatı beyine değil, omuriliğe bağlıdır ve tepkilerle kendini gösterir. Sonuçta faaliyetleri içgüdülerden ibarettir ve genel olarak içgüdüsel, otomatik bir varlık olarak görülebilir.

Zamanla gözlerini, kulaklarını, ellerini ve bütün duyularını kullanmaya başladıkça ve duyu organlarının işleyişi gelişme gösterdikçe alışkanlıklar ortaya çıkmaya başlar. Çocuğun duyularını kullanmadaki hüneri alışkanlıklarının derecesine bağlıdır.

Aynı zamanda gerek kendi yaptığı faaliyetler, gerekse de çevresinin mecbur bıraktığı hareketler sonucunda birtakım fiziksel alışkanlıklar da edinmeye başlar. Konuşmayla ilgili alışkanlıklar, oyunlara, zihinsel faaliyetlere ve sonunda ahlâk anlayışına ait alışkanlıklar yavaş yavaş oluşur ve bu şekilde çocuğun doğuştan gelen fıtratına bütün bu alışkanlıklardan oluşan bir "ikinci doğa" eklenmiş olur.

Bu faaliyetlerin sayılması bütün insan faaliyetlerinin birer birer sayılması demek olur. Çünkü insan gerçekten bir alışkanlıklar bütünüdür.

Zor hareketlerin yapılması ilk zamanlarda fazla zaman ve çaba harcanmasını gerektirdiği halde, alışkanlık sonucunda normal bir şekle girer. Bu durum kuşkusuz hareketlerin yönelik olduğu beyin merkezlerinde ihtisas kazanmasından ileri gelmiştir. İnsanlığın ilerlemesi için çok önemli olan beyin ihtisası da alışkanlık şeklinde belirmiş olmaktadır.

Alışkanlık ve Eğitim

Alışkanlık, kaçınılması mümkün olmayan bir zorunluluk ve bir ilerleme aracıdır. Bu durumda eğitimde alışkanlığın payını belirlemek ve ayırmak gerekir. Ama aynı zamanda çocuğun kişiliğini de koruma altında tutmak gerekir.

Bir yandan içgüdüye, otomatizme zorunlu olan yerini vermekle birlikte, diğer yandan bilinçli faaliyet imkanını sağlayabilmek, eğitimin en önemli meselelerinden biridir. Rousseau eğitimde içgüdüyü çok zararlı görür ve "çocuğa verilecek tek bir alışkanlık varsa, o da hiçbir alışkanlığa bağlı olmamaktır" der. Kant da, "insan alışkanlıklara sahip olduğu oranda özgürlük ve bağımsızlıktan yoksundur. Birşeye alışmaktan ve alışkanlık sahibi olmaktan çocukları uzak tutmalıdır" der. Buna karşılık Dr. Gustave Lebon'un, "eğitim, bilinçli olanı, bilinçsiz hale sokmaktır", şeklindeki görüşü ün kazanmış ve Ribot da, "eğitim, alışkanlıkların bir toplamıdır" demiştir. Rousseau ile Kant'ın görüşleri ideale dayalı olmakla birlikte uygulanamaz. Birtakım alışkanlıkları olmayan bir canlıyı düşünmek bile imkansızdır. Zaten eğitimcinin etkisi kişide sürekli bir değişim doğurmazsa, bu etkiden ne yarar beklenir ki? Hatta eğitimin imkanı nasıl düşünülebilir? Onun tamamen tersi olan görüş de temel eğitim için alışkanlığı temel olarak görüyor. Doğrusu biz her alandaki merhametimizi, hatta uygarlığımızı alışkanlıklara borçluyuz.

Ancak Dr. Gustave Lebon'da görüldüğü gibi, eğitimde alışkanlığa aşırı bir yer tanımak, insanın adeta bir makine gibi yaşamasını istemek anlamına gelir. Oysaki biz çocukta bir yandan aşırı ve verimli alışkanlıklar oluştururken, diğer yandan da kendine hakim olmak, kişisel gücüyle çaba harcamak yeteneğini geliştirmeliyiz.

Eğitimde en büyük iş, sinir sistemimizi düşmanımız değil, yardımcımız yapmaktır. Bunun için mümkün olduğu kadar çok sayıda yararlı hareketleri, olabildiği derecede alışkanlık ve içgüdüsel bir hale dönüştürmeli ve zararlı alışkanlıkların edinilmesinden de kaçınmalıyız.

"Günlük hayatımızın basit ayrıntılarını içgüdüsel/ otomatik bir halde yaptıkça ve bu konuda çaba harcama ihtiyacı hissetmedikçe, ruhun yüksek güçleri kendisine özgü görevleri yerine getirmek için o oranda özgür kalacaktır" der Wiiliam James.

Bu durumda eğitimde alışkanlığı tek çözüm ve en temel amaç olarak görmemizin doğru olmadığını anlamış bulunuyoruz. Yalnızca çocuğun kişisel ve sosyal değerlerini arttırmak için bir araç olarak göreceğiz. Ancak bu aracı da, kişisel hareket yeteneğini yoketmeden kullanmaya çalışacağız.

Bebek Alışkanlıkları

Bazıları normal halde olan bebeklerin ilk aylarda bir makine halinde bulunduklarını ve istenildiği gibi işletilebileceklerini belirtirler ve bebeklere ait bütün meziyetlerden veya eksiklerden tamamen eğitimcilerin sorumlu olmaları gerektiğini eklerler.

Ancak bu yargının aşırı olduğu açıktır. İlk aylarda ve ilk yıllarda çocuklar üzerinde yapılacak etkilerin ve onlara kazandırılacak alışkanlıkların önemi çok olmakla birlikte, her çocuğun kendine özgü olan ve zamanla beliren ve oluşan kalıtımsal eğilimlerini de hesaba katmak gerekir.

Bebeklere verilecek ilk alışkanlıklar sağlığı koruma, ahlâk ve sosyal unsurlardan alınacaktır. Bütün bunların ayrıntılarını saymak imkansızsa da, okul çağı öncesi eğitimin önemini belirtmiş olmak için burada bir kısmından sözetmek yararlı olacaktır:

İlk yılların bedensel alışkanlıkları arasında başlıca şunlar sayılabilir: Gündüzleri ve belli sürelerde meme emmek, geceleri emmemek, belli saatlerde uyumak, doğal ihtiyaçlarını düzenli bir şekilde gidermek, zamanla besinleri ağır ağır çiğnemek, yemek seçmesine engel olmak, yemeklerden önce ve sonra ellerini yıkamak vb.

Duygusal alışkanlıkları arasında, oyun ve yiyecekler karşısında uyanan bazı isteklere karşı koyabilmek, düşme, bir yeri kesilme gibi kaçınılması zor olan acılara karşı gözyaşlarını tutabilmek, korkuyu ve öfkeyi yenebilmek vb. Zihinsel alışkanlıkları arasında, çaba göstermek, usulca dikkat etmek ve gözlemlemek, yanlışsız ve açık konuşmak gibi durumlar.

Aile ocağındaki alışkanlıklar anaokullarında ve küçüklere mahsus sınıflarda geliştirilebilir ve yaygınlaştırılabilir. Bir sınıf, küçük bir toplum halinde çocuğa bazı kurallar ve ödevler yükler ve bu kuralların geneli, düzeni, yani hem kişisel, hem de ortak olan alışkanlıklar demetini oluşturur.

İlkokullar, ailede ve anaokullarında oluşmaya başlayan alışkanlıkları daha çok güçlendirir. Orada hayat daha sıkı kurallara bağlı, ödevler daha çok dikkati gerektirmektedir.

Bebeklere ilk alışkanlıklar kazandırıldığı zamanlarda özen gösterilmesi gereken bir nokta da vaktinden önce bazı alışkanlıklar kazanmalarına veya sonraları hiç yararlanmayacakları veya çok az yararlanacakları alışkanlıkları edinmelerine meydan vermemektir.

Alışkanlık Yasaları

Profesör Bain ile William James'in birbirlerini tamamlayarak belirttikleri pratik esaslar, alışkanlığın hayattaki gücü ve eğitimdeki önemi hakkında sağlam kanıtlar vereceği için, "William James'in Alışkanlık Yasaları" adlı ünlü makalesinden önemli kısımları buraya aktarıyorum:

1) "Yeni bir alışkanlık edinmek veya eski bir alışkanlığı terketmek gerektiği zaman mümkün olduğu kadar güçlü ve kararlı bir girişimle ileri atılmalıyız."

Tercih edişin nedenlerini güçlendiren bütün olayları toplamalı, yeni alışkanlığımız için en uygun şartları hazırlamalıyız. Eğer mesele uygunsa genel bir taahhüt altına da girmeliyiz.

Kısacası kararımızın yanında sayabileceğimiz bütün yardımları toplamalıyız. Bu hareket şekli yeni bir alışkanlığa öyle bir oluşma gücü verir ki, onu ihmal etme girişimi sonraları yapılamayacak birşey olur ve onu ihlâl etmekten uzak geçen her gün, kesinlikle ihlâl edilmek ihtimalini arttırır.

2) "Yeni alışkanlık hayatınızda tamamen yer etmeden önce bir tek istisnaya bile tahammül göstermeyiniz ve izin vermeyiniz."

Özenle sarılan bir ipek yumağın kolayca çözülmesi gibi yeni bir alışkanlık karşısındaki her hareket ancak büyük zahmetlerle telafi edilebilir. Hiçbir uygunluğu bulunmayan faaliyet, sinir sistemini mükemmel bir düzen içinde yürütmek için en büyük çözümdür.

3) "Edinmek istediğimiz bir alışkanlığa yönelik olan her kararınızdan, her heyecanınızdan istifade ederek, fırsat düştükçe ona uygun hareket etmeye çalışınız."

Kararlar ve anlayışlar teşekkül ettikleri zaman değil, pratik sonuçlar meydana getirdikleri zaman beyinde yeni uyumlar oluştururlar. İnsan bütün ahlâk kurallarıyla zengin bir korunma halinde bulunabilir, dünyanın en iyi duygularını taşıyabilir. Bunun önemi yoktur. Eğer hareket için her somut örnekten yararlanılmazsa eski karakter hiçbir değişikliğe uğramamışcasına varlığını sürdürür.

4) "Öğrencinize gereğinden çok nasihat etmeyiniz. Güzel ama soyut sözleri boş yere harcamayınız. Onlara bedel olan pratik hayatın ortaya çıkaracağı fırsatları bekleyiniz ve bunlardan yararlanarak çocukları yalnızca bir aydınlatma çabasıyla hem düşünmeye, hem hissetmeye, hem de hareket etmeye sevkediniz."

Karakteri değiştiren ve organik sisteme iyi alışkanlıklar kazandıran ancak davranışların sarsıntısıdır. Küçük yaşlarda teşvikler ve tavsiyeler hemen yararsız ve tahammül edilemez olur.

5) "Hergün biraz duygusal alıştırma yaparak gayret ve faaliyet yeteneğini benliğinizde canlı tutunuz."

Örneğin fedakârlık huyunu hiçbir amaca yönelik olmayarak soyut bir kural olma itibariyle kullanınız. Bunun yararı, fedakârlık etmeniz gerektiğinde sizin güçsüz ve hazırlıksız olmamanızı sağlamış olmasıdır.

Böyle bir alıştırma, tıpkı insanın evi veya işyeri için verdiği sigorta ücretine benzer. O ücretin o gün için bir yararı yoktur ve belki sonuna kadar da olmayacaktır. Ancak bir yangın olduğunda yapılan masraf, o kazaya uğrayanı perişan olmaktan kurtarır.

Aynı şekilde kendisinde yoğun dikkati, güçlü iradeyi ve kendi kendine fedakârlığı herhangi bir biçimde alıştırmalar yaparak geliştirmiş olan biri de böyledir. Çevresinde herkes sarsıldığı, kendisinden az dayanıklı dostları fırtına önünde saman çöpleri gibi sürüklendikleri zaman o sarsılmaz bir kale gibi dimdik kalarak tahammül gösterir."

William James'in "Alışkanlık Yasaları" makalesine ilave ettiği şu fikirleri de eğitimcilerimiz için çok yararlı gördüğüm için aynen naklediyorum:

"Cehennem, bütün ahirete ait acılarına rağmen, alışkanlık vasıtasıyla karakterlerimizi oluşturarak kendi kendimize meydana getirdiğimiz dünya cehenneminden elbette çok şiddetlidir, ama yaşadığımız dünya cehennemi de dayanılmaz birşeydir.

Eğer gençler ne kadar az bir zamanda seyyar bir alışkanlıklar kütlesi haline geldiklerini anlayabilselerdi, karakterleri henüz değişime müsaitken hareketlerine daha çok dikkat ederlerdi.

Biz iyi ve kötü geleceğimizin örgüsünü bir daha çözülmeyecek şekilde kendi ellerimizle örüyoruz. Kötülüğe ve iyiliğe yönelik en küçük bir hareket, kesinlikle bir iz bırakır.

Cefferson'un komedisinde bir ayyaş tiplemesi var ki, ihtirasına her mağlup olduğunda, "bu seferlik sayılmaz" diyor. Belki bu hareketi kendisi hesaba almıyor ve belki yüce Allah da hesaba almayarak affediyor.

Ancak herhalde bir yer var ki, onu hesaba katmamaktan geri durmaz: Sinir hücreleri bu hareketi hesaplamakta, kaydetmekte ve ikinci bir hareket esnasında aleyhte kullanılmak üzere biriktirmektedir.

Tamamen bilimsel bir biçimde ifade etmek gerekirse, denebilir ki yaptığımız faaliyetlerin hiçbiri kesinlikle silinmez. Tabiî bunun kötü yanları olduğu gibi, iyi tarafları da vardır.

Herhangi bir içkiyi veya keyif verici bir maddeyi sürekli kullanarak biz, kaşarlanmış bir ayyaş haline gelebiliyorsak, herhangi bir çaba ve sabretme sonrasında da ahlâk konusunda yüce kişiler arasına, pratik ve teknolojik konularda da uzman ve deneyimli insanlar arasına girebiliriz.

Hiçbir genç, herhangi bir yön izleyen kendi eğitiminin sonucundan korkmamalıdır. Eğer çalışma günlerinin her saatinde kendini işine yoğunlaştırmayı bilirse, sonradan ortaya çıkacak sonuçlarla meşgul olmak ihtiyacında kalmaz. Çünkü tamamen güvenebilir ki, bir sabah gözlerini açtığı zaman, sürdürmüş olduğu mesleğin en büyük ustalarından biri haline gelmiş olduğunu görecektir.

Uğraşlarının tüm ayrıntıları arasında duyu organlarının bütün gücü artık kaybolması mümkün olmayan bir mülkiyet gibi, kendisinde sessizce gelişmiş olacaktır.

Bu gerçeğin gençlikten önce öğrenilmesi gerekmektedir. Bu konudaki bilgisizlik, tüm diğer nedenlerin hepsinden daha çok gençlerin zor meslekler karşısında titremelerine, cesaretlerinin kırılmalarına neden olur."

BÖLÜM 3
İrade

İrade (La volonte) hakkında basit ve sağlam bir fikir edinmek için onun alışkanlıkla tamamen zıt olduğunu düşünmek gerekir. Bundan önceki bölümde incelediğimiz gibi, alışkanlık, önceki davranışlarımızın kopyalanmasından, tekrarlanmasından ibarettir.

Oysaki irade, tam tersine "yenilenme faaliyeti" (La fonction d'innovation), yani öncekilerin tekrarlanmasından ibaret olmayan yeni bir faaliyet şeklidir.

Refleksin, içgüdünün ve alışkanlığın bulunmadığı ve yardım etmediği yerlerde, bunlardan yoksun oluşumuzun derecesine göre iradeye muhtaç oluşumuz, kendiliğinden faaliyetlerle, bilinçli faaliyetler arasındaki farkı gösterir.

İğne batırılan bir organ, çekinmek için iradenin müdahelesine muhtaç değildir. Çünkü bu faaliyet tamamen refleksle ortaya çıkar.

Çocuk memeyi emmek için bir irade çabası göstermeye mecbur olmaz, çünkü içgüdüyle donatılmıştır

Usta bir piyanist, çok çaldığı bir parçayı tekrarlamak için iradesini toplamak zorunda değildir, çünkü o konuda alışkanlık sahibidir.

Sıradan bir yazı yazarken irademizin müdahelesi yok gibidir. Oysaki günün birinde daha büyük harflerle ve alışık olmadığımız bir şekilde, örneğin süslü bir tarzda yazı yazmaya mecbur olursak, irademizin yardımına ihtiyaç duyarız.

Faaliyetler ne kadar alışılmamış ve ne kadar yeniyse irade de o nisbette güçlü ve gayretli olmak durumundadır. Bütün faaliyetlerimizde üç aşamanın olduğu varsayılabilir:

1) Uyarı

2) Üretme veya düşünme

3) Yapma, uygulama

Reflekslerin birçoğunda bu üç aşamadan hiçbiri bilinçli değildir; bir kısmında da yalnızca uyarıyla, yapma bilinçli olabilir.

İçgüdüye dayalı faaliyetlerimizde uyarıyla, yapma aşamaları bilinçli olmasına rağmen düşünme, yani bir faaliyetin beyin merkezleri arasında üretim işleyişi (Elaboration) tamamen bilinçsizce gerçekleşir.

Oysaki iradî fiilde bu düşünme işlemi bilinçlidir ve iradenin belirgin özelliği de budur. Bu nedenle iradî faaliyet, benliğimizin neden olduğuna inanmış olduğumuz faaliyettir.

İradî Faaliyet Biçimleri

İradî faaliyet görünüşte çok değişik, ama gerçekte biribirine çok yakın iki şekil kazanabilir:

1) Dışa yönelik olur. Yani dış çevrede bir değişiklik meydana getirmek üzere hareket biçiminde belirir.

2) İradî dikkat olayında olduğu gibi içe yönelik olur ki, bu durumda bile hareket mevcut olmakla birlikte, bu hareket bütün ruhsal yeteneklerin bir noktaya yönelmesi ve bilincin yoğunlaşması biçimindedir.

İrade Nasıl İşler?

İradî bir fiilin işleyiş/mekanizması hakkında açık bir fikir elde edebilmek için örneklere başvuralım:

Örneğin bir tatil günü evimden uzakça bir yerde verilecek bir konferansın olduğunu haber almış olayım. Düşünsel yararım için orada olmayı tasarlıyorum. Ama hava müsait değil ve evimde dinlenmek bana daha tatlı geliyor.

Ancak konferansa gidersem orada görüşecek arkadaşlarımı da bulmuş ve onlara söyleyecek önemli işlerimi de düzene sokmuş olacağım. Ama aynı zamanda gitmediğim takdirde de akşama doğru çevredeki çay bahçelerinde birinde başka arkadaşlarımı bulmam ve onlarla daha eğlenceli saatler geçirmem mümkün.

İşte böyle bir durum karşısında, bir yandan içgüdülerimi, diğer yandan manevî veya maddi yararlarımın dengesini yapıyorum. Muhtemelen bu denge veya muhakeme bilinçsiz bir şekilde ve çok kısa bir an içinde oluşuyor veya oldukça uzun sürerek beni bir süre tereddüt içinde bırakıyor.

Sonuçta konferansta hazır bulunma yönündeki nedenleri ve faktörleri tercih ediyor ve konferansa gitmeye karar verip, tembelliğimi yenerek kararımı uyguluyorum.

İşte bu örnekteki iradî fiil, olumlu alanda, yani "dürtü" (L'implusion) biçiminde belirmiş, yani birşeyi yapmak, meydana getirmek şeklinde ortaya çıkmıştır.

İkinci bir örnek verecek olursak, sözgelimi tramvayda biletçinin kadınlardan birine hakaretle muamele ettiğine şahit olarak, buna fena halde öfkeleniyorum. Tam müdahale edeceğim sırada aklıma bir düşünce geliyor:

Ya tramvay biletçisi bana da aynı şekilde hakaret ederse veya kendisini savunduğum kadın benim bu çıkışımdan memnun olmazsa veya çevremdeki insanlar benimle ilgisi olmayan bir konuya müdahale etmemden dolayı beni münasebetsizlikle itham edip karşı çıkarlarsa...

İşte bu düşünceler öfkemin belirmesi için bir zaman kazandırıyor ve ben de öfkemin dışavurulmasını engellemiş oluyorum.

İşte bu örnekteki iradî fiil de, olumsuz alanda, yani "yasaklama" (L'inhibition) şeklinde meydana gelmiş; yani bir istek ve ihtiyaca engel olmak şeklinde belirmiştir.

Demek ki iradî fiilin işleyişi olumlu ya da olumsuz; yani "dürtü" ya da "yasaklama" şeklindedir.

Çoğu zaman söylendiği gibi irade yalnızca "dürtü" gücünden, yani yapma isteğinden ibaret değildir; aynı zamanda isteklerimizi engellemek, içgüdülerimizi bastırmak ve arzularımıza gem vurmak yeteneğine de sahiptir. Hatta iradenin bu mekanizması "dürtü" şeklinde işleyişinden daha hassas ve daha önemlidir denebilir.

İrade ve Karakter

Yukarıdaki analizlerden de anlaşılacağı gibi ister "dürtü" şeklinde, isterse "yasaklama" biçiminde olsun bir irade eyleminin oluşması için birtakım düşünce ve duyguların çatışması ve mücadelesi kaçınılmazdır.

Zaten bundan dolayı bazıları irade eylemini, çeşitli isteklerin çatışmasının sonucu sayarlar ve galip gelen düşünce ve duyguların eyleme geçmesi şeklinde tanımlarlar.

Ancak unutmamak gerekir ki, irade yalnızca dış nedenlerin ve faktörlerin ürünü değildir ve onda kişisel huyun karakterin (Le caractere) önemli bir payı vardır.

Aynı durum karşısında, tamamen benzer nedenler ve faktörler karşısında çeşitli kişiler birbirinden tamamen farklı kararlar sergileyebilirler. Çünkü onların tercih ve seçimine etken olan belki en önemli faktör, karakterleridir.

Örneğin dostları tarafından ayrı ayrı alem yapmaya teşvik edilen iki arkadaştan biri gösterilen cazibelere, anlatılan eğlencelere rağmen karşı koyduğu halde; ikinci kişi aynı şartlar karşısında bulununca telkinlere ve teşviklere dayanamayıp isteklerine uyabilir.

Ribot'nun dediği gibi, bir bilinç durumu olması itibariyle iradeyi zihinsel hayattaki "yargı" olayına benzetebiliriz. Yargı, fikirler arasındaki uygunluğun ve aykırılığın onayı demek olduğu halde, irade istekler arasındaki uygunluk ve aykırılığı onaylamak demektir. Yargı, zihinsel bir durum; irade ise bir davranış olayıdır. Gerek değer yargılarında, gerekse de davranış yargılarında, seçimin ve tercihin nedeni, karakterde olduğu gibi, irade olayında da aynıdır.

Düşünce ve Hayâlin İradeye Etkisi

İradî eylemlerin ortaya çıkması için önceden idrak edilmiş veya yapılmış bir düşüncenin, bir hayâlin (Image) bulunması zorunludur.

Örneğin sandalyemizde otururken birden aklımıza diğer odadaki kütüphaneden bir kitabı alıp okuma isteği gelir. Eğer kitap düşüncesi bilincimizde yer etmemiş olsaydı, eylemimiz hiçbir zaman onun yön verişine ilgi duymazdı.

Bir insanda düşünce biçimi ne kadar çoksa ve zihnindeki hayâller ne kadar fazlaysa davranış biçimleri de o oranda fazla olur.

İradî davranışlara yol açmak için düşüncelerin ileride olması gerekmektedir. Zihnimizde uyulması istenen bir hayâlin varlığı bizi eyleme yöneltir.

Örneğin Kristof Kolomb (Christophe colomb) Amerika'yı keşfetmeye azmettiği zaman, onun bu güçlü iradesinin etmeni, okyanusların ötesindeki güçlü bir şekilde ümid ettiği bir katının hayâliydi.

Bazen refleks şeklinde bir hareketi tesadüfen yapmış oluruz. Bu hareket hafızamızda bir iz bırakır. İşte biz ancak o zaman aynı hareketi yapmak iradesinde bulunabiliriz. Örneğin boğazımızın herhangi bir nedenle tahriş olmasından dolayı öksürürüz. Bu bir reflekstir. Ama birinin dikkatini çekmek için de öksürmemiz mümkündür ki, bu durumda bu hareketimiz bir iradî eylemdir.

Düşünce ve hayâllerin gücü ve açıklığı iradenin belirmesi üzerinde çok etkili olabilir. Örneğin bizi bekleyen bir arkadaşımızın sabırsızlık hareketlerini gözümüzün önüne getirdiğimiz ve onun bize sitem eden hayâlini tasavvur ettiğimiz zaman, söz verdiğimiz buluşmaya yetişmek için irademiz daha çok güç kazanır.

Dürtü şeklindeki iradî eylemde olduğu gibi, yasaklama şeklindeki iradî eylemde bile hayâlimizin önemli etkisi vardır. Örneğin bir kış sabahı sokağa erken çıkmaya niyet etmişken, dışarıdaki soğuk havayı net bir şekilde ve ayrıntılarıyla zihnimizde canlandırmış olsak, yorganımıza bürünerek yatağımızda kalma isteğimiz güç kazanır. Önceki niyetimiz eyleme dönüşme yerine yasaklanmış olur.

İradî Eylemin Dört Anı

Klasik psikoloji kitaplarının bir iradî eylemi dört ana (moments) aşamaya ayırma konusundaki yorumları çok ünlüdür:

Bu ayrıma göre öncelikle bir meseleye ait çeşitli düşüncelerin yorumu (La coception) sözkonusudur.

Bunu düşüncelerin ve isteklerin oluşumu ve dengesi (La deliberation) izler.

Üçüncü olarak da bir yöndeki neden ve faktörler tercih edilerek karar (La resolution) verilmiş olur.

Dördüncü derece de kararın eyleme dönüşmesi demek olan yapma (L'execution) gelir.

İrade eyleminin böyle dört aşamaya ayrılması ancak mahiyeti hakkında bir fikir vermeye yarar. Yoksa gerçekte her iradî eylemin böyle birbirinden ayrı dört aşamaya ayrılacağını ve bir anın tamamlanmasından sonra ikinci aşamanın başlayacağını sanmak doğru olmaz.

Bazen bir iradî eylem o kadar hızlı gelişir ki, anlayış, düşünme, karar ve uygulama bir anda gelişir.

Örneğin bir durum karşısında hazırlanmış bir refleksimiz bulunduğu ve o konuda düşünecek ve mukayese edecek hiçbir karşı neden bulunmadığı zaman iradî eylem oldukça kestirme olur.

Bir okul müdürünün uygunsuz bir durum karşısında hoşgörülü bulunmaması ve gereken davranışı hemen yapması bu tür bir durumdur.

Bazı eylemlerde düşünme ve karşılaştırma o kadar uzun sürer ki, bir türlü karar veremeyiz. Bazen de karşılaştırma ve düşünme uzun sürmediği ve karar da verilmiş olduğu halde, başka nedenlerin ve faktörlerin hatırlanması yüzünden tereddüt etme uygulama aşamasında bile sürebilir.

Bir iradî eylemde kararın uygulanması bile çok hızlı veya çok yavaş ve uzun süreli olabilir.

Örneğin Littre, sözlüğüne kırk yaşındayken başlamış olduğu halde, yayınlanması konusundaki emri 71 yaşındayken, yani otuz yıllık uzun ve zorlu bir çabadan sonra verebilmiştir.

İradenin Hastalık Biçimleri

İradî eylemin mekanizması nasıl olumlu veya olumsuz, yani dürtü veya yasaklama biçimlerinde gelişiyorsa, anormal biçimleri de böyle iki temele bağlı olabilir:

1) Dürtü eksikliği
2) Dürtü aşırılığı veya yasaklamanın eksikliği.

Dürtü eksikliğine veya irade zaafı (L'aboulie) bozukluğuna yakalanan bir kişi, birşeye karar vermeye veya verdiği kararı uygulamaya yatkın değildir.

Dürtü aşırılığı veya yasaklama eksikliği (La paraboulie) bozukluğuna yakalanan bir kişi de kendine hakim olmaya veya yapılmaması gereken hareketleri engellemeye muktedir olamaz.

Kendine Hakim Olmak (Otokontrol)

Benliğimize tam olarak hakim olabilmemiz için hareketlerimize, duygularımıza ve düşüncelerimize hakim olabilmeliyiz.

Hareketlerimize sahip olmak için, reflekslerimizi ve içgüdülerimizi mümkün olduğu kadar yüksek merkezlere bağlamaya, yani reflekslerimize, içgüdülerimize ve alışkanlıklarımıza dikkat etmek ve onlara tamamen esir olmama yeteneği kazanmak zorundayız.

Aynı zamanda hareketlerine sahip olan bir kişi, kısmen duygularına hakim olmaya başlamış demektir.

Ruhun duygusal aşamalarını isteyerek tekrarlamak durumuyla insan çeşitli duygularla alışkanlıklar edinir. Pascal'ın dediği gibi, "iman, dini ibadetlerden ve davranışlardan tekrar doğabilir."

Tam tersine insan kendisinde doğmak üzere olan bir duyguyu iradesi sayesinde engelleyebilir. Örneğin kumar heyecanını duymaya başlayan iradeli bir kişi, kumar oynanan yere gitmeyerek bu duygunun gelişmesine engel olabilir.

Davranış ve duygularda olduğu gibi, düşünceler üzerinde de hakimiyetimizin oluşması mümkündür. İnsan, çağrışımlarını düzene koymak ve hafızasını istediği biçimde kullanarak düşünce hayatını çeşitli yönlerde geliştirebilir.

İşte bu şekilde hareketlerini, duygularını ve düşüncelerini yönetme yeteneği kazanmış olan insanlar, benliklerine hakimiyeti sağlamış, yani bilinçli bilinçsiz, açık veya gizli bütün güçlerini bir ideale yöneltme imkanı elde etmiş olurlar.

Böyle kişilerin hayatları mükemmel bir birlik/uyum içinde şekillenir ve hedeflerine doğru güvenli adımlarla ilerlerler. Yeni şartların ve yeni çevrelerin gereklerine kolayca uyum sağlarlar.

Benliğe hakimiyet bir an içinde, bir hamlede, bir darbeyle elde edilemez. Bu durum, ruhun öyle bir zaferidir ki, ancak muntazam, bilinçli ve sürekli bir düzenle sağlanabilir.

Başarıyla sürdürülen her azimli çaba benliğe hakimiyeti/otokontrolü geliştirebilir.

Fizyolojik Açıklaması

İradî eylemde uyarı içsel veya dışardan olabilir. Birer güç kaynağı demek olan nöronlar, kendi kendilerine faaliyette bulunabilirler.

Bunun delili olarak şu olay gösterilebilir. Beynin gelişimi ilerleme kaydedince merkezlerin doğrudan doğruya uyarılması, eylemin ortaya çıkmasını gerektirmektedir.

Reflekslerden sözederken belirtildiği gibi, iradî eylem bir refleksten daha fazla zamana muhtaçtır. Çünkü iradî eylem kazanılmış hareketlerin yeni bir biçimde katılımını gerektirir. Basit bir ifade eyleminin zamanı bile tüm içgüdüsel biçimdeki refleks sürelerinden daha uzun olur.

Sinir merkezleri birbirine birçok çağrışım kanallarıyla bağlıdır. Bu şekilde çeşitli merkezlerden çıkan sinir hareketlerinden bir kısmının diğerlerine üstün gelmesi ve onların belirmesini engellemesi şeklindeki iradî olayın somut biçimidir.

Fizyolojik işleyişi henüz bilinmemektedir. Ancak omuriliğin çeşitli tabakalarının birbirine bağlı oldukları ve beyindeki alın merkezlerinin engelleme konusunda özel bir yeteneğe sahip oldukları bilinmektedir.

Yüksek merkezlerin düzenleyici etkileriyle refleksler azalmaktadır.

Maymun, köpek ve kedi gibi hayvanlarda alın çeperinin çıkarılması, zekânın azalmasını doğurmaktan çok, hayvanda aşırı hareketi ve ısırma isteğini arttırmaktadır.

Aynı şekilde insanda da bir kaza sonucunda veya iç bir bozukluktan dolayı beynin alın çeperi darbeye maruz kaldığında zihinsel işleyişte çelişki oluşmasından çok, iradede bir bozulma ve çocuklukta olduğu gibi aşırı faaliyet ve dürtü gözlemlenmektedir.

Alın çeperini zedeleyen bir hastalıktan sonra iyileşmiş olan Amerikalı bir madencinin, aşırı dürtüleri sonucunda anormal bir duruma girdiği gözlenmiştir.

Bu tür deney ve gözlemlere dayanılarak alın çeperinin ahlâkî fikirlere ve iradeye merkez olduğu sanılmaktadır. Bu merkez, bütün diğer merkezlerin faaliyetlerini barındırıyor. Bu nedenle gelişimini çok sonra tamamlamaktadır.

İradede uygulama aşaması, zorunlu olan yasaklamaların bitmesinden sonra başlar ve aynı zamanda çaba harcama duygusu uyanır.

Bu duygunun fizyoloji açısından açıklaması, ya sinir hareketlerinin toplanmasından önce merkezlerden kaslara doğru gitmesi ya da bu iki olayın birlikte meydana gelmesi şeklindedir.

William James'e göre iki olayın ortaklaşa meydana gelişini kabul eden görüş tercih edilmelidir.

İradenin Rolü

Reflekslerle içgüdü hareketleri kendiliğinden ruhsal hayatımızın bileşimi oldukları gibi, irade de bilinçli ruhsal hayatımızın bileşimi ve tam bir bilince yaklaştıran kişiliğimizin ifadesidir.

Her iradî eylemde tefekkür ve düşünmenin bir payı vardır. Bununla birlikte her iradî eylemi tamamen düşünce ürünü saymak da doğru olmaz. İhtiyaçlarımız, içgüdülerimiz, alışkan-

Çocukta Davranış Gelişimi 63

lıklarımız, dürtülerimiz ruhumuzda daha geniş yer tutarlar ve kararlarımızda çok önemli etkide bulunurlar. Hatta bazen ilk planda onların etkisi vardır. Çoğu zaman farkında olmaksızın tercih ve kararlarımızda dürtülerimizin ilhamlarına bağlı kalırız.

Fizyolojik açıdan irade, düşük merkezlerin yüksek merkezlere, omuriliğin beyine bağlılığıdır. Psikolojik açıdan da irade, reflekslerle içgüdü faaliyetlerinin bilinçli faaliyete bağlı olmasıdır. Bununla birlikte iradî hayatta içgüdüsel izlerin tamamen kaybolmadıklarını da unutmamak gerekir.

Analiz edildiğinde bir iradî eylemin dürtülerden doğduğu görülecektir. Çünkü dürtüsel ve içgüdüsel faaliyetlerin, davranış izlenimlerini bilinçli olarak çağrıştırırlar. Örneğin bir resmi geçit sırasında uygun adım yürüyen bir asker, yürüme konusundaki eski davranış biçimlerini bilinçli olarak yeni bir biçimde uyguluyor demektir.

Bundan da anlaşılıyor ki, bir iradî eylem dürtülerden doğmakla birlikte, yine dürtüye dönüştürmeye hazır bulunur. Çünkü her iradî eylem tekrarlandıkça alışkanlık olmaya, yani dürtü ve içgüdü haline gelmeye başlar.

Dürtüye dönüşmesinin kolay olması iradî bir eylemi oluşturan unsurların dürtüsel olmasından kaynaklanır. İradî eylemde düşünsel olan yalnızca izlemedir ve düşünce, bir unsurdan başka bir unsura dürtüsel bir şekilde geçişten başka birşey değildir.

İradî eylem her an kişide özgürlük, çaba ve sorumluluk hislerini uyandırır ve dürtüsel olarak yaptığı faaliyetler hakkında düşünceyi devreye sokarak onlardaki hataları bulmaya ve düzeltmeye imkan hazırlar.

İrade ve Özgürlük

İrade fiilinin iki temel şartı vardır:

Düşünce ve Özgürlük!...

Ancak insanda özgürlüğün varolup olmaması ve varsa bunun oranı ve sınırları meseleleri ötedenberi filozoflar, ahlâkçılar ve din alimleri arasında çok uzun ve çok hararetli tartışmalara neden olmuştur.

Bu konunun açıklanması daha çok metafizike (Methaphisique) aitse de, zihinleri çok meşgul etmiş olması açısından genel hatlarıyla değinmek yararlı olacaktır.

İradede özgürlüğün varlığına inananlar "sınırsız irade" (Libre arbitre) taraftarıdırlar.

Özgürlüğün varlığına ihtimal vermeyenler de "belirleyicilik" veya "cebriye" (determinisme) ekolünü oluştururlar.

Cebriyeciler, insanın fikirlerinde, duygularında ve hareketlerinde karşı konulması imkansız birtakım dış nedenlere ve faktörlere bağlı olduğunu ve özgürlüğünün, tıpkı bir kamçı altında dönen topacın kendini dönme özgürlüğüne sahip olması türünden olduğunu ileri sürerler.

Cebriye veya determinizm denen bu felsefî ekolün savunucuları arasında delillerini sadece bilimden alan ve insanın hareketlerini kalıtımlarından, organik işleyişin etkisinden gelen etmenlerin bir toplamı sayanlar vardır ki, bunlar ilmî cebriyecileri (determinisme scientifique) oluştururlar.

Bir kısmı da insanın, metafizik ve ilahî birtakım güçlere bağlı olduğunu ve bütün hareketlerinin kaderle belirlendiğini ileri sürerler. Bunlar da "Kaderiye" (Fatalisme) ekolünü oluş-

Çocukta Davranış Gelişimi 65

tururlar. Bunların inanışına göre kişilerin tüm davranış biçimleri değişmez bir kader (Destin) e bağlıdır.

"Sınırsız irade"nin varlığı, insanların iradî eylemlerinde tam bir özgürlüğe sahip olmaları veya yaşamsal ya da metafizik faktörlere bağlı bulunmaları hakkında deney ve gözleme dayanılarak bilimsel ve kesin bir kanaat ifadesine imkan yoktur. Yani asırlardan beri tartışılan bu mesele, yine metafizik konularının en önemli bir tartışma konusu olmaya devam etmektedir.

Ancak bilinçle, düşünceyle yaptığımız davranışlarda tercihimizi ve sonuçta sorumluluğumuzu hissetmekte olduğumuza göre, psikolojik açıdan özgürlüğü kabul etmek, sınırlı da olsa insanın özgürlüğüne inanmak zorundayız.

Ahlâk, hukuk ve sosyal hayat açısından ise sorumluluğun ve bununla birlikte özgürlüğün varlığına kani olmakta daha fazla zorunluluk vardır.

Doğrusu insanların özgürlüklerinin alanı oldukça sınırlıdır. Bir balık veya kartal olabilme özgürlüğüne sahip olmadığı gibi, zayıf doğan bir insanın, bir boks şampiyonu olma konusunda özgürlüğü yoktur.

Beyinsel gelişimi mükemmel olmayan bir insanın hayatta yüksek bir düşünce eyleminde bulunma şansı elbette yoktur.

Bir nehrin akıntısına kapılarak hareket eden bir yelkenli, suyun ve rüzgarın etkisine karşı koyma seçimine sahip olamaz. Onun özgürlüğü ancak dümeniyle belirleyebildiği hareket yönüyle sınırlıdır.

Kısacası insanda sınırsız bir özgürlüğe inanmak imkansızsa da, sınırlı bir özgürlüğe inanmamak için hiçbir bilimsel engel

F: 5

yoktur. Tam tersine insanlık onuru bunu emreder ve bizzat iradе eyleminin insanda özgürlük sınırlarını genişlettiği ve insanların iradelerine hakim oldukça özgürlüklerine daha çok sahip oldukları deney ve gözlemlerle kesinleşmiştir.

Çocuk ve İrade

Hayvanlar aleminde faaliyetler en basit reaksiyonlardan başlar ve iradeye kadar birçok ilerleme aşaması gösterir. Bunun gibi insanlarda da doğuştan, yetişkinlik dönemine kadar faaliyetler açısından geçilen bir ilerleme aşaması vardır.

Başlangıçta tamamen bilinçsiz olan hareketler, yavaş yavaş insanın değişik çevrelere uyumunu sağlayan bilinçli faaliyetler biçimine dönüşür.

Çocuğun ilk faaliyeti tamamen kendiliğindendir, yani içgüdüseldir. Önce de belirtildiği gibi dürtülerine ve içgüdülerine dayalıdır. Hayatının ilk aşamalarında iradeden söz etmek mümkün değildir.

Çocukta iradî faaliyetin ilk belirtileri davranışlardır. Çocuk görüp istediği bir şeye atıldığı zaman basit bir düşünce gücü harcamış olsa bile bu düşünce çok kısadır.

Çocuk için uzun uzun tefekkürler, ruhsal karşılaştırmalar, mücadele ve çaba isteyen, hatta bazen zorluk gerektiren kararlar yoktur.

Doğal istekler çocukta hakim olduğu ve bunların belirmesini engelleyecek faktörler henüz oluşmadığı için, hareketler tamamen çatışmasız bir biçimde ortaya çıkar. Başka bir deyişle çocuğun iradesi dürtüsel bir şekildedir.

Çocuğun dürtüleri, içgüdüye dayalı faaliyetlerinin devamından başka birşey değildir. Emmekten haz almış olduğundan, annesine doğru atılır ve ilk aylarında bu dürtüsel iradeye bağlı hareketleri ve sesleri daha sonra konuşarak belirtmeye başlar.

Yürümeyi ve konuşmayı öğrenirken iradî dikkatini kullanmak zorunda kalır. Zamanla yalnız hareket etme isteği gösterir ki, yemekte, giyinmede ve oyun oynamada ortaya çıkan bu bağımsızlık isteği genellikle bir yaşına doğru belirir.

Çocukta irade eyleminin "yasaklama" biçiminde belirmesi oldukça geç görülür. İlk yaşı içinde çocuğun "yasaklama" biçimine benzeyen iradî faaliyetlerine rastlanılırsa da, tahlil edildiğinde bunların bilinçsiz olduğu anlaşılır.

Örneğin ağlarken şiddetli bir gürültü duyarak gözyaşlarını zaptetmesi veya tepinirken sert bir azarlamayla karşılaşınca birdenbire durması mümkündür. Ancak bu durumlar iradî bir "yasaklama"nın tam örneği sayılamazlar.

Çocuk, kimsenin kontrolü olmadan yasaklanmış bir hareketi yapmaktan kendi kendine kaçınırsa, işte o zaman iradî bir "yasaklama" davranışı göstermiş sayılabilir.

Örneğin yanıbaşına konan bir sepetten meyve almak üzere elini uzatmışken, bunun önceden yasaklanmış olduğunu veya anne-babasının ikazına aykırı olduğunu düşünerek kendiliğinden elini çekmesi iradî bir "yasaklama", bir otokontrol, kendine hakim olma davranışıdır ki, bunun da gerçekleşmesi için çocuğun kız veya erkek olmasına ve gelişme derecesine göre iki veya üç yaşında olması gerekir.

Kapris Dönemi

Kapris (heves) düzensiz bir iradenin belirmesidir. Çocuğun dürtüsel faaliyetleri genellikle bir sıkıntı halinde, ileri atılma biçiminde kendini gösterir.

Aklına gelen bir düşünce bütün zihnini işgal etmeye yeter ve bu da tıpkı saplantı (sabit fikir) sahiplerinde olduğu gibi çocuğu esir alarak faaliyete sürükler.

Kaprislerde bir davranışın neden ve faktörlerinin dengesi ve muhakemesi çok kısadır. Karar da çok ani olur. Buna karşılık yapma aşaması kesin ve tam olmayabilir.

Kapris (La caprice) denen ruh halinin temel özelliği, diğer isteklerle uyuşmayan bir isteğin bir an için üstün çıkmasıdır.

Çocukların kaprisleri yaklaşık altı aylıkken başlar ve zayıf çocuklarda ergenlik dönemine kadar devam edebilir.

Çocukta kişisel güç geliştikçe kaprisler azalır ve zamanla kişiliğin tam bir ifadesi demek olan iradeli ve bilinçli faaliyet kendini gösterir.

Artık çocuğa hakim olan yalnızca bir istek değil, belki de isteklerinin genelinden oluşan bütün isteklerdir.

İlerleme göstermiş bir kişilikte bütün istekler o derece uyum içinde olur ki, isteklerden biri diğerlerinin az çok müdahelesi olmaksızın davranış haline dönüşmez.

İrade Eğitimi ve Önemi

İradenin eğitimi, bütün eğitim konularının temelini oluşturur. Çünkü eğitimin amacı, kendi başına hareket etmeye, kendiliğinden çevreye uyum sağlamaya ve kendi gücüne dayanarak yaşamaya yetenekli kişiler, yani iradeli insanlar yetiştirmektir.

Özellikle Türk çocukları ve eğitim kurumları için irade eğitimi belki hiçbir milletle kıyas edilemeyecek derecede öneme sahiptir.

Büyük savaşlardan ve devrimlerden sonra çeşitli zorluklara rağmen özgür ve bağımsız yaşamaya, asırlardan beri kendini geçen uygarlık ve ilerleme düzeyine hızla yetişmeye azmetmiş bir milletin evladı, herşeyden önce iradeli olmaya muhtaçtır.

Dört tarafı siyasi ve iktisadi düşmanlarla kuşatılmış olan değerli bir vatanın üstünde ancak güçlü kişiler varlıklarını sürdüreceklerdir.

Ailelerimiz ve öğretmenlerimiz, çocuklarımızı huzur ve sükûn içinde yaşamaya aday olarak değil, belki bir ömür boyu güçlüklerle mücadeleye hazır bir güçte yetiştirmeye mecburdurlar.

Asırlardan beri pasif, hareketsiz ve iradesiz bir eğitimin birikmiş zararlarını ancak iradesi çok güçlü olan ve Gazi gibi, imkansızı gerçekleştirme gücünde bulunan bir nesil yetiştirmekle telafi edebiliriz.

İrade Eğitiminde İki Aşama

İrade eğitimi biri iradî gücün geliştirilmesi, diğeri de iradenin doğru hedeflere yöneltilmesiyle iki amacı taşıyabilir ki, bunları karıştırmamak gerekir. Çünkü bazen doğru hedeflere yönelik iradelerin yeterli derecede güçlü olmadıklarına rastlamak mümkündür.

Buna karşılık güçlü bazı iradelerin doğru hedeflere yönelik olmamaları da mümkündür.

Çaba isteyen zamanda yeter derecede bir dürtü gücüne veya direnme gerektiren bir anda güçlü bir "yasaklama" yeteneğine sahip olmayan bir iradenin yüksek amaçlara yönelik olmasının bir yararı yoktur.

En asil fikirlere sahip olan ve bunları çok güzel ifade eden nice insan vardır ki, faaliyet gücünden yoksundurlar.

İradenin doğru hedeflere yönelmesi, anlayış ve düşünme yeteneğine bağlıdır.

Hayâl gücü, düşünce zenginliği ve kendini inceleme yeteneği gibi zekâyı ifade eden özellikler bu düşüncenin mükemmel oluşunu sağlarlar.

Ancak iradî fiilin davranışa dönüşmüş olması için de irade gücü denen yetiye ihtiyaç vardır. İrade gücü üç faktöre bağlıdır:

1) Öncelikle sinir ve kas sisteminin sağlam ve mükemmel olması.

2) Açık ve değerlendiren bir duyu yeteneğinin olması.

3) Kesin bir hayat düzeninin, verimli faaliyet örneklerinin ve

geniş ufuklu girişimciliğin olması.

İrade eğitminin bu iki aşaması birbirinden tamamen farklı olmakla birlikte, değişik tedbirleri gerektirir.

Kendini Bilmek

İrade, düşünme yeteneğine, iç hayata ve kendini tanıma gücüne muhtaçtır. İnsan kendini yönetebilmek için, kendi iç dünyasını bilmek durumundadır. Yararlanabileceğimiz veya engelleyeceğimiz isteklerimizi ayırmak ve kararlarımızın etmenlerini teşhis edebilmek için, kendimizi gözlemlemeye alışmış olmamız gerekir.

Bunun yanısıra eğitimcilere şu tavsiyede bulunulabilir:

Çocukları kendi bilinçlerini incelemeye alıştırınız. Doğrusu insanın kendini incelemesi kolay değildir. Özellikle çocukların merakları iç dünyalarından çok, dış dünyaya yöneliktir. Ama fırsat oldukça çocuğa kendi hareketleri, düşünceleri ve duyguları karşısında sorular yöneltmek ve düşünmeye sevketmek mümkün olur.

Çocuk, küçük yaşlardan itibaren kendi benliğine etki edebilme gücüne sahip olduğuna inanmalıdır. Bu güç yer ettikçe, o gücün gelişme ihtimali vardır.

Kendini bilmek, iç dünyasına nüfuz etme hususundaki alıştırmaları, fazla hassas olan çocuklara ihtiyatla uygulamak gerekir. Çünkü kendini gereğinden fazla dinleme alışkanlığı bizi tereddüde sevkedebilir ve hareket gücünü engelleyebilir.

Düşünce Eğitiminin İrade Eğitimine Etkisi

İradenin oluşumu hususunda zekâyı meydana getiren yeteneklerin çok fazla etkisi vardır. İnsan iç dünyasına yönelmek için öncelikle dikkatini yoğunlaştırma yeteneğine muhtaçtır. Dikkatli düşünme gücü, iradenin ilk şartıdır denebilir.

Zekânın incelmesinin ve aşırı muhakemenin insanı pasifliğe yönelttiğini ileri sürenler vardır. Ama incelendiği zaman görülür ki, düşüncelerinin etkisi altında pasifliğe mahkum olanlar, yüzeysel zekâlılar ve yüzeysel düşüncelilerdir.

Sınırlı bir zekânın durduğu bir faaliyet karşısında, daha yüksek bir zekânın tereddüt bile etmediğini görürüz. Ahlâkî, dinî, teknolojik ve sanatsal bilgiler ve anlayışlar arasında ölçü ve uyumun bulunması irade eğitiminin esaslarından biridir.

Beden Eğitiminin İrade Eğitimine Etkisi

Düşüncenin davranışlar üzerinde ne kadar etkili olduğunu daha önceki bölümlerde incelemiştik. Duygularımızı alıştırmak ve geliştirmek, heyecanlarımızı canlı ve dengeli tutmak hususunda yaptığımız bütün alıştırmaların aynı zamanda bir irade eğitimi olduğunu unutmamalıyız.

Sinir sistemine, faaliyet ve kas sistemine hamle gücünü veren duygularımız ve heyecanlarımızdır.

Öğretmenler, okul hayatında neşe ve heyecan uyandırmanın, iradeli insan yetiştirmek için en verimli yöntemler olduğunu gözönünde bulundurmalıdırlar.

İrade eğitimi, bütün eğitim konularının temelini oluşturduğu için, onun hakkında maddeler halinde kurallar sıralamak, şimdiye kadar ele aldığımız bütün eğitim kurallarını, zihinsel ve duygusal hayatın çeşitli aşamaları ve özellikle dikkat ve alışkanlık konularında belirtilen eğitim yöntemlerini tekrarlamak demek olacaktır.

Bu nedenle genel olarak ele almayı yeterli gördük. Yalnızca irade eğitimiyle yakından ilgisi olan tembellik ve inatçılık konularını incelemekle yetineceğiz.

Tembellik

Tembellik konusu, irade konusuyla çok ilgilidir. Bununla birlikte okullarda öğretmenlerin tembel olarak tanıdıkları çocukların büyük bir çoğunluğu irade açısından zekâlarından dolayı değil, başka nedenlerden dolayı başarılı olamayanlardır.

Bu durumda bir sınıfta olması gereken ortalama başarıyı gösteremeyen çocuklara kesin bir şekilde tembel demek doğru olmayacak ve öncelikle tembelliğin asıl özelliğini belirlemek gerekecektir.

Gerçek tembel, yapabileceği halde çaba göstermeyen ve ancak bir zorunluluk karşısında istemeyerek çalışmak durumunda kalan kişilere denir.

Alfrede Binet'nin tüm yönleriyle gözlemlediği gibi, öğretmenler genellikle sınıflarındaki başarısız öğrenciye tembellik damgasını yapıştırmaya ve bir sınıfta çalışkanlarla birlikte tembellerin de bulunmasını normal görmeye eğilimlidirler.

Okullarda bilimsel ve gerçek anlamda tembel, yani başka hiçbir engel olmadığı halde çalışma iradesinden mahrum çocukların sayısı çok azdır.

Binet'nin Paris ilkokullarında yaptığı bir ankete göre yüzde iki oranındadır.

Oysa ki okulda derslerinde başarılı olamayan, yani hastalık olarak tembel olan çocukların sayısı belki de yüzde elliye ulaşmaktadır.

Çocuğun derslerinde başarısız oluşunun başlıca nedenlerini hatırlamak, bu konuda bize genel bir fikir vermeye yeter:

1) Çocuğun görme veya işitme bozukluğu nedeniyle başarısız olması mümkündür. Öğretmenin gösterdiği şeyleri, tahtaya yazdığı konuları iyi göremeyen, sözlerini açıkça anlayamayan bir çocuk, büyük bir gayret gösterse de dersten gerektiği şekilde yararlanamayacak ve fazla çaba sarfetmekten dolayı çobuk yorulacak ve dikkatsiz olmaya başlayacaktır.

2) Boğazda ve burun boşluğunda adenoide denen fazla etler bulunan bir çocuk yalnızca ağzından solunuma mecbur olduğu ve yetersiz miktarda oksijen aldığı için fazla zihinsel işleve sahip olamıyor ve bunun sonucunda da derslerinde başarısız oluyordur.

3) Sindirim sisteminde, bağırsaklarında veya herhangi bir iç organında bozukluk, sağlığında ve organizmasında dengesizlik bulunan, kansız zayıf ve uzun bir hastalığın nekahetinde bulunan bir çocuğun da sağlıklı arkadaşları gibi çaba ve dikkat gösterememesi mümkündür. Bunların türlerini Dr. Maurice de Fleury özenle sıralar.

4) Bedensel bozukluklar gibi, ruhsal bozukluklar da başarısızlık doğurabilir. Çocuğun ruhsal yönden anormal veya geri bulunması da arkadaşları gibi çalışamamasına neden olabilir.

5) Yaşlarına göre üst sınıflarda bulunan, anne-babalarının gururları uğruna vaktinden önce üst sınıflara geçirilen çocukların da başarısız olmaları mümkündür.

6) Çocukların okul değiştirmek zorunda kalmaları, önceki okullarında hazırlıklarının yetersiz olması, yeni öğretmenlerin usûllerine henüz alışamamış olmaları ve öğretmenlerin bu hususları dikkate almamaları da başarısızlığa neden olarak görülebilir.

7) Aileleri tarafından hiç yardım göremeyen, hatta ödevlerini ve derslerini evlerinde yapma imkanı bulamayan, evlerinde çalışma odaları olmayan ve anne-babaların işlerine yardım etmeye mecbur olan çocukların da, diğer arkadaşları gibi başarılı olamamaları doğaldır.

8) Son olarak da çocukların başarısızlıkları konusuda programların, haftalık ders çizelgelerinin, kötü hazırlanmış kitapların ve kötü öğretmenlerin de etkisinin olması mümkündür.

Başlıca olanlarını saydığımız birçok nedenler vardır ki, çocukların başarısız olmalarını doğururlar.

Oysa ki öğretmenler bunları çoğu zaman derinleştirmeyerek karşılarında kesin olarak başarısız buldukları çocukları tembel olarak suçlarlar.

Böyle durumlarda öğrencinin başarısızlığının kendilerinden kaynaklanan bir hata olmadığı açıktır.

Gerçek anlamda tembel olanlar iki gruba ayrılırlar. Bir kısmı yetenekli ve her türlü imkana sahip oldukları halde çalışma zevkini tatmamış olanlar ve bundan dolayı iradelerini kullanmayanlardır.

Diğer kısmı da düşünce üretimine, okul hayatına karşı nefret ve düşmanlık duyan ve onun tekliflerini gereğince yapmaktan zevk alan tembel çocuklardır.

Bu tür tembeller genellikle birbirlerinin etkisi altında kalırlar. Bazen de okul hayatına, bilgiye ve kültüre karşı adeta düşman olan anne-babanın bilinçsizce yaptıkları telkinlere uymuş olurlar.

Bir sınıfta gerçekten tembel olan çocuklar başlıca iki şekilde anlaşılırlar: Ya gürültücü, olduğundan fazla hareketli ve haşarı olurlar, ya da pasif, sessiz ve hareketsiz olurlar. Her iki grubun ortak özelliği ise bariz bir "dikkatsizlik"tir.

Tembellik geçici ve sürekli de olabilir.

Geçici tembellik kötü bir nottan, başarısız geçen bir sınavdan, çevresinin değişmesinden ve bir arkadaşının etkisiyle meydana gelmiş olabilir ve o etkenler ortadan kalkınca tembellik de yok olur.

Sürekli tembellik halinde ise çocuk her zaman vurdumduymaz, ilgisiz, gevşek ve dikkatsiz olur. Çalışmaya karşı hiçbir haz, faaliyet için bir türlü arzu duymaz; adeta kendine hakim olmaya, gayret sarfetmeye yeteneksiz bir hale girmiş bulunur.

Eğitim Yöntemleri

Çocuğun okuldaki başarısızlıkları hakkında kendi hatalarından ve irade bozukluğundan kaynaklanmayan nedenlere karşı alınacak önlemler, yukarıda da sıraladığımız nedenlerin mahiyetine göre kolayca belirlenebilir ki, kısmen doktora müracaat edilmesini ve her an için öğretmenin inceleme altında bulundurmasını gerektirir.

Gerçek yönüyle tembellik olayları karşısında ise öğretmenlere şu tavsiyelerde bulunmak mümkündür:

1) Tembel çocuğun zevklerini, isteklerini ve ilgilerini inceleyiniz ve bunların hangi yönden belirdiğini görürseniz, çalışmasını o şekilde yapmayı sağlayınız. Başarılı olduğunu gördükçe çalışmaktan haz almaya başlaması mümkündür.

2) Tembel çocuğa arkadaşlarının arasında tembel damgasını vurmaktan kaçınınız. Tam tersine kendisine başarabileceği basit görevler ve ödevler vererek arkadaşları arasında birşey yapmış olma zevkini tattırınız. Kendisine güven duydukça, çocuğun bu güveni sürdürmek için çalışmaya başlaması ihtimali yüksektir.

3) Çocuklarda sorumluluk duygusunu sürekli teşvik ediniz. Sınıfta bir görevin yerine getirilmemesi genel bir hayret uyandırmalıdır. Bu da öğretmenin öğrenciyi izleyip kontrol etmesiyle sağlanabilir. Öğrencide sorumluluk duygusunun yer etmesi hususunda ceza verme ve ödüllendirmeden çok, okul kuralları ve öğretmenin karakter ve kişiliğinin etkisi büyüktür.

4) Çocukların başıboş, yaramaz ve okula gitmeyen çocuklarla arkadaş olmaları ihtimaline karşı dikkatli olunuz.

5) Anne-baba ve aileyle sürekli iletişim içinde olarak okul eğitimine iştirak etmelerini ve en azından okul eğitimine karşı olumsuz etkide bulunmamalarını sağlayınız.

İnatçılık

İnatçılık, isteklerimizi engelleme konusundaki gücün eksikliğinden doğar. Bazen küskünlük şeklinde, bazen de özgürlük isteğinin bir engelle karşılaşmasıyla belirir.

İnatçılığın asıl nedeni dürtülerimize hakim olacak, isteklerimizi engelleyecek gücün yetersiz oluşudur. Genellikle kalıtsal olan güçlü bir istek, çocuğu bir yöne doğru sürüklediği zaman, bu isteğe direnecek gücün bulunmaması inatçılığı ortaya çıkarır.

Bazen çocuğun bağımsız hareket etme isteğine ve zevkine uyarak itaat etmemesi ve inatçılıkta bulunması da mümkündür. Aynı şekilde bir haksızlığa uğradığı zannı ve duygusu da çocuğun inatçı olmasını doğurur.

Çocuk inatçılığının organik bozukluktan, duyu organlarının görevini sağlıklı bir şekilde yerine getirememesinden ve bazen aşırı beslenmeden bile kaynaklanması mümkündür.

İnatçılık, fazla şımartılmış, isteleri ve hevesleri her zaman karşılanmış, müsamaha görmüş çocuklarda daha çok rastlandığı için, bu tür irade güçsüzlüğünde alışkanlıkların hakim olduğunu kabul etmek gerekir.

Nitekim güçsüzlüğün öfkesi demek olan itiraz merakı da kötü eğitimin sonucudur. Fazla yumuşak veya çok sert ya da heveslerin her zaman belirmesine ve temin edilmesine yönelik olan eğitim yöntemi, çocukta inatçılık gibi, itiraz etmeyi de güçlendirir.

İnatçılığın sosyal bir biçimi olan ortak boykotlar, grevler ve protestolar, hatta topyekûn ayaklanma da her zaman normalden çok katı yasaların ve baskıların uygulanmasına duyulan şiddetli tepkiden kaynaklanmaktadır.

Eğitim Yöntemleri

1) İnatçılık, eğer fiziksel ve sağlık nedenlerinden kaynaklanıyorsa bu konuda sağlık kurallarının ve doktorların tavsiye edeceği yöntemlere müracaat ediniz.

2) Çocukta inatçılığa meydan vermemek için, ilk zamanlardan itibaren onu itaat etmeye alıştırmalısınız. Bu itaat başlangıçta duygusal, sonraları düşünülerek olmalıdır. Yani çocuğun düşünmesi mümkün olan çağda ve konumda itaat etmesini sağlamak için düşüncesine başvurmak gerekmektedir.

3) Çocuğun inatçılığıyla karşılaşınca hemen zor kullanmaya kalkışmayınız. Çocuğun kendi kendine sakinleşmesini bekleyiniz. İnatçılık anında çocuk fiziksel ve ruhsal açıdan bir tür gerginlik yaşamıştır. Kendi kendine sakinleşince bu gerginlik yokolacak ve çocuk muhakeme etmeye ve itaatli olmaya da yatkın bir hale gelecektir.

İnatçılık konusunda William James şunları söyler:

"Sinirleri gerilen ve korkudan iradeleri tutulan çocukları ahlâksız suçlular saymaktansa, bir hastalık durumuna yakalanmış olarak kabul etmek daha doğrudur. Çünkü yasak ruhta egemen olduğu sürece çocuğun bu engeli yenmesi mümkün değildir.

Burada ilk görev öğretmene düşer. Herşeyden önce yapacağı şey azarlamak veya inatlaşmak olmayıp, çocuğun iradesini sınırlayan zorluğu unutmasını sağlamaktır.

Bunun için de çocuk bir süre kendi haline bırakılarak ürktüğü şeyden dikkatinin uzaklaştırılması yoluna gidilir. Bir süre sonra da bir fırsatını bularak ve çocuğa hiç hissettirilmeden yine aynı noktaya getirilerek ikinci bir hamle yaptırılır. Bu hamlede, tutukluğun çözülerek engelin kolayca atlatılması çok muhtemeldir.

Hani dikbaşlı ve ürkek birtakım atlar vardır. Bunları korktuğu yerde kırbaçla ileriye sürmek mümkün olmaz, hatta oldukça tehlikelidir de. Hayvan ruhundan anlayanlar böyle anlarda hiç de öfke göstermez ve şiddete başvurmazlar. Önce dikkatini usûlca dağıtmak için hayvanın kulağı, başı ve yüzü tatlılıkla okşanır. Korku bu şekilde hafifletilip yok edildikten sonra, hafif bir çevirme hareketiyle hayvan yoluna devam ettirilir. Aslında gerçek bir eğitimci bu tür gergin durumlara kesinlikle meydan vermez."

BÖLÜM 4
Karakter

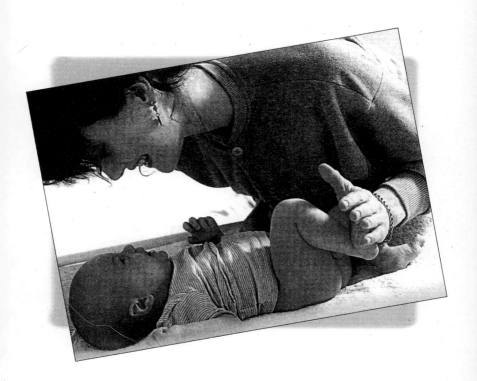

Karakter (Le caractere), çeşitli ruhsal yeteneklerin bir kişide özel bir biçimde toplanması şeklinde tanımlanabilir. Yani karakter bir kişiyi ruhsal yönden, zekâ, duyarlılık ve davranış biçimleriyle diğer insanlardan ayıran, onun özelliğini meydana getiren bir vasıftır.

Bazen karakteri ahlâk anlamında da kullandığımız olur: "O kişi karakter sahibidir."

"Onda karakter namına birşey yoktur."

Böyle dediğimiz zaman onların iyi ahlâk sahibi olup olmadıklarını belirtmek istediğimiz olur.

Ancak psikolojik açıdan karakter ister iyilik şeklinde olsun, isterse kötülük şeklinde olsun, bireyleri biribirinden ayıran ruhsal özellikler olmak üzere anlaşılmalıdır.

Bu anlamda "o kişi karakter sahibidir" dediğimiz zaman, o kişinin iyi veya kötü, ama her şekilde belli bir ayırıcı özelliği olduğunu belirtmiş oluruz.

Aynı şekilde "onda karakter namına birşey yoktur" sözüyle de, o kişiyi başkasından ayıran düzenli bir ruhsal özelliğin bulunmadığını ifade etmiş oluruz. Bununla birlikte belli bir ruhsal özelliğin bulunmayışını da bir tür karakter olarak görmek gerekir. Bunun gibi, karakter bazen halk dilinde kişilik, şahsiyet gibi deyimlerle de eş anlamlı olarak kullanılmaktadır.

Gerçekte psikoloji literatüründe karakter, kişilik ve şahsiyete oranla daha özel bir anlam ifade eder. Bu anlam bireyin kendine özgü belirtisi, düşünce ve davranış konusunda nisbeten en galip olan tarzı ve farklılığıdır.

Karakterin Unsurları

Psikologların büyük bir çoğunluğuna göre karakter, kısmen "doğal", kısmen de "kazanılmış" unsurlardan oluşur. Bu ayrım karakterin değişime yatkın olduğunu belirtir ki, haksız değildir. Kuşkusuz biz birtakım yeteneklerle dünyaya geliriyoruz ve bu yetenekler ilerideki gelişimimizin şartlarını oluşturuyor.

İnsanların tümünde doğal bir karakter vardır. Bunun da ikiye ayrılması mümkündür:

1) Eğilimlerin temeli, yani organizmanın genelinde temel özellik olup, ogranizmanın biçimini, faaliyetin derecesini, varlığımızın değerini ve yönelimini ifade eder.

2) Bir kısım organlarımızın diğerlerine oranla taşıdığı özelliktir ki, bu da sosyal ihtiyaçları ve yetenekleri içerir.

Doğal karakterin bir kısmını "mizaç" (Le temperement) ve "huy/tabiat" (La naturel) deyimleriyle ifade etmek mümkündür.

Mizaç, organizmanın genel faaliyeti, yaşamsal faaliyetlerin uyumu veya uyumsuzluğu; tabiat/huy ise eğilimlerin ve yeteneklerin geneli, yani her insanın doğuştan gelen manevî oluşumu demektir. Bütün bu doğal karaktere, yani mizaç ile tabiata/huya, kazanılmış karakter de eklenir.

Her karakter, zamanın, olayların ve eğitimin etkisiyle değişikliğe uğrar ve ilerleme gösterir. Bu değişim ve ilerleme çeşitli biçimlerde gerçekleşir. Kimi zaman normal, bazen anormal, bazen yavaş ve aşamalı ve bazen de hızlı ve ani olabilir.

Karakterin normal ilerlemesi insan doğasının gereğidir. Anormal ve bozukluk sonucu olan değişim ve ilerleme ise, bireyin içinde bulunduğu şartlara ve özel hallere göredir.

Mizaç

Mizacın, karakterin oluşumu üzerinde ne kadar önemli rol oynadığını kimse inkar edemez. Çeşitli bölümlerde temas ettiğimiz gibi, fizyolojiyle psikolojinin çok sıkı olan ilişkisi bunu gerektirir.

Fouillèe'nin dediği gibi, bizim doğal karakterimiz, organizmamızın iç yapısı, organizmamız ise karakterimizin dış görünüşüdür. Beynimizin ve organımızın belli şekli şu veya bu biçimde harekete hazır olduklarına işaret eder.

Biz herhangi bir şekildeki tepkiye hemen uyum sağlarız. Ancak diğer biçimlere değil. Ruhsal durumlarımızın ve hareketlerimizin altında organik durum ve hareketlerimiz vardır. Bu şekilde manevi kişiliğimizin temeli organizmamızın derinliklerinde gizlidir.

Mizaçlar hakkında eski "Ahlât-ı Erbaa" (insan vücudunda bulunup, insan mizacını oluşturduğu varsayılan kan, balgam safra ve dalak) teorisine dayanan açıklamalar günümüz bilim anlayışına göre hiçbir değer taşımamaktadır; ancak tarihsel mahiyetleri vardır.

Tıp biliminin görüşünde olduğu gibi, psikoloji anlayışına göre de ne kadar insan varsa, o kadar da mizaç vardır denebilir. Mizaç kavramı çok karanlık, karmaşık ve kapalıdır. Bu konudaki fizyolojik bilgiler o kadar sınırlıdır ki, ruhsal yapıyı açıklamak için kesinlikle yetersiz kalmaktadır.

Özellikle bizim hissetmek, düşünmek ve hareket etmek konusundaki tarzımız, sinir sistemimizin iç yapısıyla ilişkilidir ki, bu konudaki bilgilerimiz mizacı tanımlayabilmemize imkan vermemektedir.

Histeri gibi bazı ruhsal anormallikler, mizacın önemli bir şekilde değişebildiğini ortaya koysa da, bu değişikliğin bağlı olduğu organik değişimler de henüz bilinmemektedir.

Huy

İnsanın doğuşuyla birlikte dünyaya getirdiği manevi yeteneklerin bütünüdür. Bunlar, hafıza ve dikkatte olduğu gibi genel, hayâl gücü ve muhakeme de olduğu gibi zihinsel, heyecanların ve eğilimlerin yapı ve özelliklerinde olduğu gibi duygusal, davranışlardaki şiddet ve süreklilikte olduğu gibi eylem biçiminde bulunabilir.

Aynı zamanda normal ve anormal de olabilir.

Acaba insanların bu basit uyuşmazlıkları hangi nedenlerden kaynaklanmaktadır?

Fouillèe'nin belirttiği gibi, bizim karakterimiz birbirine

bağlı tabakalardan teşekkül eder:

"Birinci tabaka ırka, ikincisi cinsiyete, üçüncüsü de kişisel oluşuma dayalıdır."

Doğrusu ırkın, cinsiyetin ve kişisel kalıtımın insanlarda ne tür uyuşmazlıklar, başkalaşımlar oluşturduğunu bilimsel çalışmalar yeterli derecede ortaya koymuşlardır.

Bununla birlikte bütün bu konularda az veya çok karanlık yönler de yok değildir.

Karakterin Normal Gelişimi

İnsanda yaşadıkça varolan yaşamsal değişim, ruhsal gelişimini ve sonuçta karakterin gelişimini doğurmaktadır. İnsanın hayatı ne kadar çok devreye ayrılırsa, gelişim de o oranda ayrılabilir.

Birinci ve ikinci çocukluk, ergenlik, bülüğ devrelerinin ve bütün gençlik devresinin, yetişkinlik döneminin ve sonunda olgunluk döneminin ve yaşlılığın kendine özgü bir karakteri vardır. Bu şekilde süren gelişme, karakterin normal gelişimidir.

Karakterin Değişken Gelişimi

İnsanın içinde yaşadığı fiziksel ve sosyal şartlar ve faktörler, karakterin değişken/geçici gelişimini doğurur.

Fiziksel alandaki faktörler, iklim, hava değişikliği, toprak, mesken, hayvanlar ve bitkiler grubu, tarım ürünlerinin azlığı ve çokluğuyla doğa ve şartları gibi normal durumlardır.

Bütün bu faktörler, ırkların ve kavimlerin hayat şartları üzerinde etkili oldukları gibi, bireylerin hayat şartları ve sonuçta karakterleri üzerinde etkili olurlar. Kuzey bölgelerinde yaşayan insanların, ekvator ve güney bölgesinde yaşayan toplumlardan farklı bir kültür ve hayat tarzına sahip olmalarının nedeni budur.

İnsanın bağlı olduğu fizyolojik şartlar da karakterin değişken gelişiminin faktörlerindendir.

Örneğin beslenmenin mizaç üzerindeki etkisi deneylerle ortaya konulduğu gibi, geçirilen çeşitli hastalıkların ve organizmada görülen değişimlerin ve hastalıkların karakter üzerindeki etkisi oldukça belirgindir.

Sosyal faktörler arasında; sosyal çevrenin birey üzerindeki etkisini bu dizinin önceki kitaplarında ele aldığımız "Çocuk ve Sosyal Hayat" bölümünde, "Taklit", "Telkin" ve "Ruhsal Etkileşim" konularında anlatılan bilgileri hatırlamak yeter.

Geçici/değişken karakter gelişiminin kişisel faktörleri arasında büyük sevinçleri, derin üzüntüleri, bireyin bütün iç dünyasını altüst edebilecek hayâl kırıklıklarını, ayrılık acısı ve ihanet gibi olayları; aynı zamanda normal gelişim faktörlerinin çeşitli şekilleri olan cinsellik, hamilelik, doğum, annelik, menopoz gibi halleri sıralamak mümkündür.

Ancak şu noktayı iyi bilmek gerekir ki, karakterin gelişimi üzerindeki en önemli kişisel faktör, iradedir. "İrade" bölümünde bireyin kendi fikirleri, duyguları ve faaliyetleri üzerinde ne kadar çok etkili olabileceğini; "Alışkanlık" bölümünde de alışkanlıkların nasıl düzene sokulabileceğini ve karakteri nasıl oluşturduklarını incelemiştik.

Stuart Mill'in dediği gibi, "başkalarının karakterimizi oluşturdukları gibi, biz de eğer istersek kendi karakterimizi kendimiz oluşturma gücüne sahibiz."

Karakter Grupları

Yukarıda görüldüğü gibi psikologlar, karakterin tanımı üzerinde bile ittifak etmediklerine göre, gruplandırılması hakkında net ve kesin görüşlerin olmayacağı açıktır.

Şunu kabul etmek gerekir ki, karakterlerin gruplandırılması meselesi henüz çözülmüş değildir. Hatta bunun çözümsüz olduğunu ileri sürenlere bile rastlanmaktadır.

Bununla birlikte bireylerin genel olarak ayrıştırıldıkları grupları tesbit edebilmek için, fiziksel özelliklere ve fizyolojik özelliklere ya da ruhsal hayatın duygu, düşünce ve davranış gibi genel belirtilerindeki öne çıkan biçimlere dayanarak gruplara ayırmayı deneyenler ve önerenler vardır.

Karakteri fiziksel özelliklere göre gruplandıranlar, yukarıda sözedildiği gibi mizaçları dört gruba ayırarak, her birine ait zihinsel, duygusal ve davranış biçimleri özellikleri sayarlar.

Örneğin sıcakkanlıların, neşeli, canlı, uysal ve yüzeysel olduklarını; hüzünlülerin, derin, ciddi, dalgın ve kararsız olduklarını; sinirlilerin, hayâl yönünden canlı, duygu yönünden yoğun olduklarını; lenfatiklerin ise pasif, reaksiyonları yavaş ve hayâllerinin basit olduklarını belirtmektedirler.

Ancak mizaçları oluşturduğu söylenen özel teşekkül organizmanın benzeri olan tipler adeta muhayyaldir ve sonuçta mizacı tesbit ederek bir insanda o mizacın ruhsal özelliklerini tahmin etmek imkansızdır.

İnsanları morfolojik (Morphologie) açıdan inceleyenler arasında kişileri şekil olarak iki tipe ayıranlar vardır: Birinci gruba "yuvarlak tip" (Type ronde), ikinci gruba da "düz tip" (Type plat) şeklinde gruplandırmaktadırlar ve her tipe ait ruhsal özellikleri sıralamaktadırlar.

Aynı şekilde gerek ırsî, gerekse de kazanılmış faktörlerden dolayı insanların çeşitli sistemleri açısından farklı biçimde gelişebileceklerini ileri sürerek, bu açıdan dört insan tipi ortaya çıkaranlar vardır.

Bu tiplere, "kas tipi" (Type musculaire), "solunum tipi" (Type respiratoire), "sindirim tipi" (Type digestif), "zihinsel tip" (Type intellectuel) adı verilmektedir.

Ancak bu gruplandırmalar tamamen kesin olmadığı ve her birine ait karakterlerin belirtilmesi deneylerle doğrulanmadığı için üzerinde durmaya gerek görmüyoruz.

Karakterin gruplandırılması ruhsal hayata, yani insanların duygu, düşünce ve davranış gibi genel belirtilerindeki öne çıkan biçimlere dayanılarak yapılacak olursa, deneye ve gözleme daha çok müsait olmaktadır.

Nitekim Ribot ile Malapert'in gruplandırmaları bu şekildedir ve biz daha yakın zamanda yapıldığı ve testlerle de doğrulanarak tümevarım yöntemiyle gerçekleştirildiği için Malepert'in gruplandırmasını alıntılıyoruz.

Bu gruplandırmaya göre karakterler başlıca altı gruba ayrılmaktadır:

Duygusuzlar, duygusallar, akılcılar, hareketliler, dengeliler ve iradeliler.

1) **Duygusuzlar (Apathiques):** Bunların duyguları anormal derecede düşük ve gevşektir. Bu gruptakiler üç farklı şekilde bulunabilirler.

   a) **Tam duygusuzlar:** Bunlar zeki olmadıkları gibi faal de değildirler. Başka bir deyişle vurdumduymazdırlar.

   b) **Zeki duygusuzlar:** Kurnazdırlar ve yaratıcı olmaktan çok anlayışlıdırlar.

   c) **Faal duygusuzlar:** Bunların faaliyetleri ağır ve sakin olur.

2) **Duygusal tipler (Affectifs):** Bu gruba girenler yedi şekilde bulunabilirler:

   a) **Duygulular (sensitifs):** Özellikleri zevk ve acıya son derece yatkın olmalarıdır.

   b) **Alıngan duygulular:** Üzüntüye, kendini koyvermeye ve sarsılmaya müsaittirler.

   c) **Yoğun duygulular:** Hareketli, neşeli ve zevke düşkün olurlar.

   d) **Heyecanlılar:** Ruhsal yaşantılarında sürekli heyecanlı olurlar.

   e) **Hüzünlüler:** Duygularının ve heyecanlarının arasında hüzünleri ağır basanlar.

   f) **Dürtüsel heyecanlılar:** Duygusallıkları yoğun ve düzensiz olur. Bunlara Rousseau, Musset ve Bayron gibi ünlü kişileri örnek vermektedirler.

   g) **İhtiraslılar:** Bunların duyarlılıkları derin ve ateşli olmakla birlikte belli bir noktada yoğunlaşır. Bu tipler için de Napoleon, Mirabo ve Danton gibi ünlüler örnek gösterilmektedir.

3) Akılcılar (Intellectuels): Fikirleri için yaşayan tiplerdir. Bunlar da başlıca iki şekil altında bulunabilirler:

   a) Zihinsel çaba içinde olanlar, düşünmekten zevk alanlar. Montaigne gibi.

   b) Düşünürler (Speculatifs), üstün zekâlılar. Kant ve Guyer gibi.

4) Hareketli tipler: Başlıca üç türde olurlar:

   a) Basit hareketliler: Ancak hareket etme ihtiyacıyla hareket edenler. Sporcular gibi.

   b) Hareketleri çok heyecanlı olanlar. Bunların hareketleri bir konu üzerinde sabit değildir. Bu tiplere kısaca telaşlı deriz.

   c) Üstün hareket gücü. Bunların harekete ihtiyaçları olmakla birlikte, hareketleri güçlü bir zekânın yönlendirmesiyle ve korkusuzcadır. Bu tipe de örnek olarak Sezar gösterilmektedir.

5) Dengeli tipler (Tempere): İki kısma ayrılmaktadır.

   a) Günlük hayatta ölçülü olanlar.

   b) Yüksek derecede ölçülü olanlar. Goethe ve Bufon gibi.

6) İradeli tipler (Volontaires): Bunlar da iki gruba ayrılabilirler:

   a) Başkasıyla veya kendi benlikleriyle mücadelede kendilerine hakim olanlar.

   b) Kendine hakim ve dengeli olanlar. İşadamları gibi.

Bu gruplandırma, oldukça kapsamlı olmasına rağmen, çeşitli kişilerde rastlanabilecek bütün ruhsal özelliklerin biçimlerini, karakterlerini ve bütün farklılıklarını ortaya koymaktan uzaktır.

Zaten gerek zihinsel hayatın, gerekse duygusal ve davranış biçimlerinin çeşitli belirtilerinde rastlanılan türler hatırlanacak olursa, insanların daha ne kadar çok ruhsal özelliklerle birbirlerinden ayrılabilecekleri tahmin edilebilir.

Düşünsel hayat üzerinde yapılan deneyler daha çok olduğundan, bu konuda gruplandırılmak istenen tipler daha belirgin görünürler. Bununla birlikte biraz da bu konuda yapılmış incelemelerden sözedelim.

Düşüncenin Genel Yönleri

Birçok araştırmacı ve yazar, son zamanlarda bireyin dış hayat karşısında birbirine tamamen zıt iki zihinsel durumda bulunabileceği ve bu durumlardan birinin her zaman görünüşte hakim bulunmasına göre iki temel düşünce grubu meydana geleceği konusunda ısrar etmişlerdir.

O yazarlara göre bu tiplerin zıt oluşu o kadar önemlidir ki, bütün kişisel türleri belirlemek için bir haraket noktası sayılabilir.

Bu iki tipe Binet "objektif" ve "subjektif" demektedir.

Jung ise "dışa yönelik tip" (Type extraverti) ve "içe yönelik tip" (Type introverti) adını vermektedir.

Birinci tip, kendine bir mıknatıs gibi hakim olan dış hayata bağlıdır.

İkincisinde ise düşünce daha çok iç hayata yönelik ve dış durumlar içe bağlı bulunur.

Düşünsel hayatta ve bazen genel ruhsal hayatta bu iki zıt yönü gözlemleyen ve ifade eden düşünürler sadece Binet ve Jung'la sınırlı değildir.

Başka araştırmacılar da bu farklılığa, özellikle bilimadamlarında ve düşünürlerde görülen bu iki zıt duruma dikkat çekmişler ve onları çeşitli isimler altında belirtmişlerdir.

Farklı açıları belirten ve birbirine benzemekle birlikte tamamen uyuşmayan bu iki yöneliş hakkında çeşitli düşünürlerin verdikleri isimleri Claparede eserinde bir tablo halinde sunmaktadır.

Biz de karşılaştırmaya ve üzerinde dikkatle düşünmeye değer olan bu tabloyu aktarmayı uygun gördük:

Düşünürler	1. Grup		2. Grup	
Binet	Objektif	(Nesnel)	Subjektif (Öznel)	
Jung	Extraversion	(Dışa yönelik)	Introversion	(İçe yönelik)
James	Positivistes	(ispatiyeciler)	Ideologues	(Fikriyatçılar)
O. Waid	Romantiques	(Romantikler)	Classiques	(Klasikler)
Dumadey	Combattants	(Mücadeleciler)	Travailleurs	(işleyiciler)
Nitzsche	Dyonsiens	(Diyonseistler)	Apolloniens	(Apollonistler)
Schiller	Naifs	(Saflar)	Sentimentauxs	(Duygusalcılar)
Poincare	Intuitifs	(Çizgiciler)	Loguques	(Mantıkçılar)
Lippmann	Techniques	(Teknisyenler)	Gnostiques	(Teorisyenler)
Rignano	Synthetiques	(Sentezciler)	Analytiques	(Analizciler)
Pascal	Esprit de Finesse	(İnce fikir)	Espirt de geometrie	(Gometri)
Duhem	Concrets	(Somutlar)	Abstraits	(Soyutlar)

Yandaki tabloda belirtilen oniki yazar da, düşüncelerin genel yönelimlerini birbirine zıt iki temele bağlamışlardır. Ama temellerin bir kısmında eşdeğerlik yoktur.

Konu birçok tartışmaya açıktır. Biz ancak bu konudaki düşünce akımlarından haberdar olmak için tabloyu incelemeyi yararlı bulduk.

Karakterin Teşhisi

Karakterlerin gruplandırılması ve her birine ait genel özelliklerin belirlenmesiyle ilgili akla şu soru gelebilir:

Acaba her bireyin karakterini dış yönüyle inceleyerek belirlemek mümkün müdür?

Kuşkusuz bir insanın durumları, ifade biçimleri, organik huyu ve yüz çizgileri bile o insanın karakteri hakkında dikkate değer çıkarsamalarda bulunmaya elverişlidir. Hatta bazı bedensel işaretler zekâyla ilgili değerler taşırlar.

Ancak gerek karakter hakkında, gerekse zekâ hakkında bedensel işaretlerin ilişkileri ancak genel olarak ve çekincelerle tahminler yapmaya müsait olabilir ve herhangi bir insanın ruhsal özelliklerini belirlemek için yeterli olmaz.

Karakter ve Çocuk

Karakter ve çocuk konusundan sözedilince öncelikle bütün çocukların, yani çocukluğun genel karakteri ve ruhsal yönden yetişkinlerden ayrıldıkları özellikler akla gelir ki, bu konuyu ilgili bölümde ele almış ve ruhun her türlü faaliyetinde çocukların özelliklerini ayrı ayrı incelemiştik.

Ancak dünyada ne kadar insan varsa, o kadar da karakter olduğundan çocuklar için de bu çeşitlilik geçerlidir. Bu durumda ne kadar zor olursa olsun, her çocuğun bağımsız karakterini tanımak için de çalışmaya mecburuz.

Tekrarlamaya gerek yoktur ki, çocukların karakterlerini bir çırpıda tanımaya elverişli "kişisel ruh ölçütleri" (Les psychogrammes individuels) mevcut değildir.

Çocuğun bireysel karakterini teşhis etmek için sürekli bir incelemeye, ölçümlere, tıbbî muayenelere, serbest gözlemlere ve her türlü yola başvurmak gerekir.

Bu dizinin diğer kitaplarında da her bölümde verilmiş olan deney ve gözlem yöntemleriyle, bu bölümün sonundaki "Karakter Deney ve Gözlemleri" bütün eğitimcilere çocuk karakterlerinin incelenmesi için rehberlik edebilir.

Acaba bir çocuğu inceleyerek gelecekte nasıl bir insan olacağını tahmin etmek mümkün müdür?

Doğrusu Ribot'nun belirttiği gibi, bazı karakterler vardır ki, özellikleri oldukça belirgin ve güçlüdür ve bu tür karakterler adeta değişime ve gelişime kapalıdırlar.

Bu durumda çocuğun geleceği hakkında bir tahminde bulunmaya imkan vardır.

Ancak genel durum için mesele böyle değildir. Hele doğuştan gelen eğilimlere, kazanılmış eğilimlerin eklenmesi, bireyin manevi oluşumunu büyük ölçüde değişime uğratmaktadır.

Karakter Eğitimi

Karakter eğitiminin imkanı meselesinde birbirine tamamen zıt olan iki ünlü görüşü hatırlamak gerekir. Bunlardan birine göre karakter, tamamen doğuştan ve ırsî olup değişmesi imkansızdır.

Başka bir görüşe göre de tamamen kazanılmıştır. Yani insan ruhu doğuştan sonra istenilen kalıba dökülebilir.

İlk görüşün en ünlü temsilcileri Kant ve Schopenhauer'dir.

Kant, "karakterimiz ve ona dayanarak irademiz çok az bir şekilde bile değişme imkanında değildir" der.

Schopenhauer ise, "ruhun dış belirtileri, yani davranış ve hareketler, insanların, örneklerin ve alışkanlıkların etkisiyle değişebilse bile, asıl yaratılış değişmez" görüşünü ileri sürmektedir.

Kalıtsal ahlâkın kesinlikle değişmeyeceği, fıtratı bozuk çocuklara terbiyenin etki etmeyeceği hakkında günümüzden yedi asır önce Şeyh Sadi Şirazî tarafından söylenmiş olan vecizeler bütün Doğu anlayışında ve bu arada bizim de anlayışlarımızda derin izler bırakmıştır.

Bu düşüncenin hangi nedenle ve hangi şekilde ifade edilmiş olduğunu kısaca anlamak yararlı olabilir. Şeyh Sadi'nin ünlü eseri Gülistan'ın birinci bölümünde bu anlamda bir hikâye vardır:

"Bir hırsız çetesi yakalanır. Zamanın padişahı hepsinin idamını emreder. Vezirlerden biri hırsızların arasında henüz gençlik çağında bulunan birinin ileride eğitim sayesinde yiğit bir asker olabileceği şefaatiyle kurtarmak ister.

Hakim olan Padişah bu girişimi doğru bulmayarak şu cevabı verir:

"Asıl kötü olanlar iyi insanların etkisinden istifade edemezler. Layık olmayanı eğitmeye kalkışmak, kubbe üzerinde ceviz durdurmaya benzer."

Bunun üzerine vezir genç eşkiyanın ıslah edilmesinin mümkün olacağı hakkında deliller sıralar ve nitekim:

"Hanımı kötü kişilerle birlikte olduğu için Hazreti Lut'un bütün ailesi mahvolmuştu ve Ashab-ı Kehf'in köpeği Kıtmir, birkaç gün iyilerin izini takip ettiği için insan mertebesine erişmiştir" diyerek ricasını ve savunmasını sürdürür.

Sonunda diğer vezirlerin de ricalarının etkisiyle Padişah, haydudun oğlunu istemeyerek affeder.

Delikanlı yıllarca vezirin sarayında mükemmel bir şekilde eğitim ve öğretim görerek yetişir ve herkesin sevgisini kazanır.

Ancak buna rağmen Hakim Padişah tebebsüm ederek:

"İnsanlarla birlikte büyümüş olsa bile kurdun yavrusu nihayet kurt olur" demekten kendini alamaz.

Gerçekten de bu delikanlı bir zaman sonra şehrin haydutlarıyla birleşerek bir çete kurar ve velinimeti olan veziri iki oğluyla birlikte öldürdükten ve bütün servetini çaldıktan sonra babası gibi dağa çıkar ve aslına dönüş yapar.

Bu durumdan haberdar olan hükümdar:

"Kötü bir demirden nasıl iyi kılıç yapmak imkansızsa, aslı kötü olan bir insanı terbiye ile ıslah etmek de mümkün değildir. Nitekim lâtif olduğunda şüphe olmayan yağmur bile bahçede lale, ama kıraç yerde ot oluşturur" anlamında bir beyit söyler. Ardından şu düşüncelerini ifade eder:

"Kıraç yerde sümbül yetişmeyeceği için, gayretin tohumunu boşuna orada heder etme.

Kötülere iyilik etmek, iyi insanlara fenalık yapmaya benzer."

Bu hikâye vesilesiyle sözkonusu ettiği kanaati Sadi, Gülistan'ın yedinci "Terbiye Tesiri" bölümünde başka bir kıssada da tekrarlamış ve teyid etmiştir. Bu kıssa da şöyledir:

"Vezirlerden biri aptal olan oğlunu bir alime teslim ederek, "bu çocuğu iyi terbiye et, belki akıllanır" tenbihinde bulunur.

Alim bir müddet çocuğun eğitim ve öğretimiyle uğraşır. Fakat hiçbir verim elde edemez.

Sonunda babasına birisinin aracılığıyla şöyle bir haber gönderir:

"Bu çocuk akıllanmıyor, üstelik beni deli ediyor."

Kıssayı şu mealdeki beyitler takip eder:

"Terbiyenin tesir bırakması için,

cevherin aslen kabiliyetli olması lazımdır.

Cinsi kötü olan demiri

hiçbir cila ıslah edemez.

Köpeği yedi denizde yıkama

çünkü ıslandıkça murdar olur.

Mesela Hazreti İsa'nın eşeğini Mekke'ye götürseniz, hacı olarak değil, yine eşek olarak döner."

Aynı düşünce doğrultusunda, yani doğal yeteneğin gereği ve zorunluluğu konusunda "Gülistan"ın çeşitli bölümlerinde kıssalar ve beyitler yer almaktadır. Örneğin sekizinci "Sohbet Adabı" bölümündeki bir manzumenin ihtiva ettiği zarif bir kıssa da bu konuya girebilir:

"Cahilin biri bir eşeğe konuşmayı öğretmek için uğraşır, durmuş. Oradan geçen bir hakim, bu hali görerek demiş ki:

"Behey cahil!.. Hayvanın senden konuşmayı öğrenmesine imkân yoktur. Hiç olmazsa sen ondan sükûtu öğren!.."

Bütün bu kıssalar ve beyitler gösteriyor ki Sadi, kalıtım etkisi karşısında terbiyeyi güçsüz bulur.

Denebilir ki bu konuda Kant'ın, Schopenhauer ve Eugenique (öjenik) çilerin, yani "insan neslini ıslah etme" savunucularının habersiz bir öncüsüdür.

Bu görüşe tamemen zıt kanaate sahip olanlar da "düz levha" (Table rase) görüşü savunucularıdır.

"Düz levha" teorisini ilk kez ileri süren Lock, çocuğun doğduğu zaman, üzerinde hiçbir çizgi bulunmayan bir levha gibi her türlü izlenimi kaydetmeye hazır olduğunu iddia eder ve "tanıdığımız insanların onda dokuzunun iyilikleri, kötülükleri, yararlı veya zararlı olmaları ancak eğitimlerinin eseridir" der.

Helvétius de "bütün insanlar eşit olarak ve eşit yeteneklerle doğarlar. Anlaşmazlığı oluşturan yalnızca terbiyedir" görüşünü ileri sürer.

Günümüze nisbeten daha yakın olan Stuart Mill ve Sergei gibi düşünürler de buna yakın görüştedirler.

Kalıtım ve eğitim etkilerinin bu çatışmasına birçok bölümlerde değinmiştik.

Her insanın fiziksel ve ruhsal hayatında ve sonuçta karakterinde, kalıtımın da ve eğitimin de paylarının olduğunu kabul etmek gerekir. Çünkü kalıtım kişinin geçmişine uyumunu; eğitim de kişinin yaşanan an'a uyumunu ifade eder.

Geçmişe benzemek nasıl bir zorunluluksa, an'a uymak da öyle bir zorunluluktur.

Ribot'nun dediği gibi, karakterler arasında sayısız farklar bulunması, her karakterin eğitimden farklı biçimde ve değişik oranda payının olabileceğini göstermez mi?

Bu durumda izafiyet prensibini (Leprincipe doe relativite) kabul ederek, her karakterin değişim ve ilerleme ihtimalini kalıtsal karakterdeki sabitlik veya esneklik oranına bağlı saymak daha doğru olur.

Kısacası "düz levha" savunucularının dedikleri gibi eğitimi sınırsız bir etki olarak görmek ve kişilerde mevcut olmayan yetenekleri oluşturmaya müsait farzetmek nasıl bir hata ise, kalıtsal karakteri değişmez kabul ederek sosyal hayatın sayısız etkilerini hiçe saymak da öyle bir hata olur.

Zaten "Alışkanlık" ve "İrade" eğitimi konularında da ve "Karakterin Normal ve Değişken Gelişimi" bölümünde karakterin gerek dış etkilerle ve gerekse içsel, yani iradî etkilerle nasıl değişebileceğini ve oluşacağını görmüştük.

Pratik Araçlar

İrade eğitiminde olduğu gibi, karakter eğitiminde de meselenin iki yönünü düşünmek gerekir. Bir yandan sözedilen unsurların mahiyet ve özellikleri, öte yandan uyum ve birliği.

Örneğin bir yandan bazı doğal istekleri engeller veya yükseltir ve iyi alışkanlıklar doğururken, diğer yandan da bütün doğal ve kazanılmış unsurları sağlam bir bütün halinde birleştirmelidir.

Eğitimci, bundan önceki bütün konularda değindiğimiz eğitim yöntemlerinden bir çoğuna sahip olduğu için, bunları karakter eğitiminin bu iki aşamasını sağlamak için kullanabilir.

Eğitimciler genellikle her çocuğun eşit derecede eğitim kabiliyetine sahip olmadığından yakınırlar. Eğitme imkanı olmayan bir aptalla, eğitim eksikliğine rağmen gelişebilen bir dâhi arasında çeşitli yetenek derecesinde birçok insan vardır.

Görecelilik esası bütün eğitim mesleğinde geçerlidir. Bundan çıkarılacak olan pratik sonuçlar genel pedagojinin konularında bulunur.

Karakter Gözlemleri

Karakter, ruhun bütün yeteneklerinin toplamı demek olduğuna göre, bu konudaki gözlem ve deneyleri bundan önceki bölümlerde belirtilenlerden çıkarmak mümkünse de; burada bir çocuğun genel olarak incelenmesi için söylenen planı aktarmak yararlı olacaktır.

Fiziksel Gözlem

1) Boy
2) Omuz genişliği
3) Ağırlık
4) Göğüs şişkinliği ve solunum yeteneği. Solunum burunla mı yoksa ağızla mı yapılmaktadır? Solunum derin ve uzun mudur? Bir dakika içindeki nefes sayısı.
5) Kan dolaşımı sistemi: Nabzın sürati ve gücü.
6) Beslenme görevi: Yiyecekler ve içecekler.
7) Kas sistemi: Görünüşü, sert veya yumuşak olup olmadığı.
8) Tavırları: Duruş, yürüyüş ve durum.
9) Hareketler: Fazla, mükemmel ve düzenli olup olmadıkları. Çocuğun tikleri, sinirli yüz hareketleri var mıdır?
10) Oyunları: Tercih ettiği oyunlar, oyun arkadaşları, oyunda durumu ve faaliyetleri. Arkadaşlarına karşı hareketleri, bu hareketlerin itaatli, otoriter ve hileli olup olmadığı.
11) Beden yorgunluğu: Sık yorulur mu? Çabuk yorulur mu? Yorgunluğu ne şekilde belirir?
12) Uyku: Ne kadar uyur? Uykusunun yalnız oda, büyük veya küçük oda gibi fiziksel şartları var mıdır?
13) Görme
14) İşitme
15) Dokunma
16) Tat ve koku alma: Bunlar normal halde midir?

17) Dili: Konuşurken kekemelik veya pelteklik gibi bir durumunun olup olmadığı.

18) Temizlik: Eller, tırnaklar, kulaklar, dişler ve yüz ile giyimindeki ve kitap ve defter kullanımındaki temizliği.

19) Sağlık ve hastalık: Baş ağrıları, sinirlilik, eski hastalıklarının yaşı, mahiyeti ve derecesi; ırsî şekiller.

20) Büyüme ve gelişiminin normal halde olup olmadığı, sağlık ve eğitimin büyüme ve gelişmeyle ilgisi.

Manevî Gözlem

1) Hafıza

2) Çağrışım

3) Dikkat

4) Belirgin ilgileri ve bunların yaşıyla orantılı olup olmadığı

5) İdrak/kavrayış

6) Gözlem

7) Yargı

8) Muhakeme

9) Dil/konuşma

10) Okulda ileri ve geri olup olmadığı.

11) Heyecanlar: Çocuk heyecanlı mıdır? Dikkat çeken heyecanları nelerdir? Korku, utangaçlık ve öfke gibi heyecanları var mıdır?

12) Halk dilindeki anlamıyla mizacı nasıldır? Dürtüsel mi, basit mi, Neşeli mi? Duyguları hızlı mı? Çalışkan mı? Kararlı

mı, kararsız mı? Sakin mi? İradeli mi? Cesur mu? Utangaç mı? Cömert mi? Bencil mi? İtaatli mi? İnatçı mı? Sempatik mi veya değil mi? İyimser mi? Mahzun mu? Duyarlı mı, duyarsız mı? Güvenilir mi? Tedbirli mi? Uysal mı? Saldırgan mı? Kederli mi? Korkak mı? Sinirli mi? Kuşkucu mu? Hırslı mı? Gücüne güvenir mi? Düşünceli mi? Her işe burnunu sokar mı? Kolayca umutsuzluğa kapılır mı? Hayâlperest mi? Çabuk kırılır mı? Teklifsiz mi? Resmiyetçi mi? Ciddi mi? Övünür mü? Kibirli mi? Küstah mı? Kılıksız mı? İhmalkâr mı?

13) Faktörleri ve etkenleri: Ödülü sever mi? cezalardan korkar mı? Niçin çalışır? Derse gelmediği olur mu? Nedenleri?

14) Duyguları: Ailesine (anne, baba, kardeş ve kızkardeşlere) karşı duyguları. Hayvanları ve çiçekleri sever mi, yoksa onlara kötü mü davranır?

15) Taklit

16) Sosyal kabiliyeti: Sosyal kabiliyeti var mıdır? Çok arkadaşla ilişkisi var mıdır? Arkadaşlarına karşı iyiliksever midir? Arkadaşlarını yönetir mi, yoksa onlara tabi mi olur? Kendisi yönettiği zaman üstünlüğü nedendir? Tabi olduğu takdirde kimleri takip eder? Anne- babaya, öğretmenlerine, arkadaşlarına ve yabancılara karşı terbiyeli midir? Terbiyeli hareket etmiyorsa neden?

17) Ahlâk duygusu: İyi ve kötü hakkında bir fikri var mıdır? Nasıl? sözlü olarak veya gücüyle hiçbir ahlâkî fikir ifade etmiş midir? Nedenleri nelerdir? Adalet duygusuna sahip midir? Maruz kaldığı haksızlığa karşı protesto eder mi? Arkadaşlarının uğradığı haksızlığa karşı protesto eder mi? Samimi midir? Ne tür yalanlar söyler? Neden?

18) İdeal: Arkadaşları ve büyükler arasında hangi özellik ve yeteneği takdir ediyor? Büyüdüğü zaman ne olmayı ve ne yapmayı arzu ve ümit ediyor? İdeali sabit mi, değişken mi? Gerçekleşmesi mümkün mü, değil mi?

19) Güzellik duygusu: Kendisine güzel gelen şey nedir? Çiçekleri, resimleri, giyinmeyi ve yaşadığı şehri sever mi? Güzelliğe karşı sevgisini nasıl belli eder?

20) Gülme duygusu, kendisini güldüren şeyler nelerdir? Gülmesinin ne gibi özellikleri vardır?

21) İrade: İradesi güçlü mü, zayıf mı? İnatçı mı? Değişken mi? Düşünceli mi? İtaatliliği veya itaatsizliği nedendir? Telkine yeteneği var mıdır?

22) Yetenekleri: Derslere karşı yetenekleri nasıldır? Yetenekleriyle zevkleri arasında uygunluk var mıdır?

23) Zihinsel anormallik:

Çevre Gözlemi

1) Çocuğun önceden aldığı eğitim: Bu eğitimin mahiyeti ve özelliği. Gözlemden önce çocuğun devam ettiği okullar.

2) Ana dili: Çocuk ailesinde Türkçe mi konuşuyor? Bu dilin lehçesi ve şivesi nedir? Şivesinde bozukluk varsa ne şekildedir?

3) Çocuğun hayat tecrübesi: Yaşadığı şehirler ve herbirinde geçirdiği süre? Seyahat etmiş midir? Kazandığı tecrübeler davranışlarından hissedilir mi?

4) Çocuğun ailesi: Anne baba çocuğun çalışmasıyla ve gelişi-

miyle ilgili midir? Çocuklarının kendilerinden üstün olmasını arzu ederler mi?

5) Eğitim amacı: Çocuk için müstakbel bir meslek düşünülmüş müdür? Bu meslek hangisidir ve bunun çocuktaki yetenekle ilişkisi var mıdır?

6) Aile düzeni: Evde hakimiyeti sağlayan kimdir? Bu hakimiyet şiddetli midir? Adil midir? Devamlı mıdır? Düzenli midir? Çocuk anne babasından korkuyor mu?

7) Davranış özgürlüğü: Anne babanın kontrolleri çok sıkı mıdır? Sokakta geçen zamanları var mıdır?

8) Okul dışındaki zamanı: Çocuk okul dışında meşgul müdür? Hangi işlerle uğraşır? Ev işlerine yardımcı olur mu?

9) Evdeki dersleri ve ödevleri: Evdeki ödev ve dersleri için çocuk hangi zamanlarını ayırabiliyor? Bu konuda özgür müdür? Anne babası çalışmasını istiyor mu? Çalışmasına anne babasının yardımı var mıdır? Evde çalışmasının fiziksel şartları nelerdir?

10) Özel kurs eğitimi: Müzik. Çocuğun ona ayırdığı zaman.

11) Çocuğun kişisel araştırma ve incelemesi: Kendi kendine çok okur mu? Kendiliğinden mi okur? Hangi konulara meraklıdır?

12) Tatil günleri: Bu zamanları çocuk nasıl geçiriyor. Ne gibi yararlar sağlıyor?

13) Okul dışındaki ilişkileri: Bu ilişkilerin mahiyetleri, sayısı ve değerleri nelerdir?

14) Çocuk tiyatro ve sinema gibi genel yerlere gider mi? Bunların mahiyetleri nelerdir?

Gözlem Hakkında Uyarılar

Daha önce yapılmış gözlemlerin çocukta veya ailesinde sonradan oluşan maddi veya manevi değişiklere göre düzeltilmesi çok önemlidir. Aynı şekilde gözlemlerin görünüşlerden çok kapalı olan nedenlere nüfuz edebilmiş olması da önemlidir.

Çocuğun düzenli ve sürekli bir gözleme konu olduğunu bilmemesi daha uygun olur. Yıldan yıla bir çocuk hakkında yapılan gözlemlerin karşılaştırılması çocuğun yaşadığı hızlı veya yavaş değişimi izlemeye yarayacağı için önemlidir. Bu şekilde toplanan bilgiler çocukların karakteri hakkında bir karar vermeye ve özellikle akılcı ve kesin bir eğitim etkisi yapmaya yarar.

Bundan başka öğretmenlerin bu şekilde elde edecekleri bilgiler, psikologlar için çocuk karakteri hakkındaki incelemelerin birikimlerini oluşturacaktır.

eğitim dizisi

İyi Anne-Babaların En Çok Yaptıkları
10 Hata
Ve Bunlardan Kaçınma Yolları

Kevin Steede

Bir anne-baba olarak çocuğunuz için en iyiyi yaptığınızı düşünüyorsunuz, ama onunla aranızda hâlâ yanlış giden birşeyler var...

Bu kitabı okuduğunuzda farkında bile olmadan yaptığınız 10 hatayı keşfedecek ve onları düzeltebileceğiniz yöntemleri öğreneceksiniz

Bu kitapta bulabileceğiniz en çok yapılan hatalardan bazıları şunlardır:

Onlara mükemmel olmalarını dikte eden zihinsel kaynaklar oluşturmak...

Açık iletişime kapıları kapatmak...

Eğlenceyi ihmal etmek..

Onları yanlış davranışlara sürüklemek...

eğitim dizisi

Çocukta
Zihinsel Gelişim

İbrahim Alâettin Gövsa

Çocuğun zihin yapısını ve zekâsını merak etmeyen anne baba var mıdır?

Hangi öğretmen öğrencisinin yeteneklerini ve becerilerini öğrenmek istemez?

Olağanüstü özelliklere sahip üstün zekâlı çocukları zamanında tesbit ederek, daha hızlı yöntemlerle, toplumdaki yüksek meslekler için yetiştirmek, her anne-babanın arzusudur.

Çocukların ileride daha başarılı olabilecekleri meslekleri belirleyebilmek için, kişisel yeteneğini geliştirmek, en çok yararlı olacağı mesleğe yöneltmek, çağımız toplumları için bir zorunluluktur.

Çocukta Zihinsel Gelişim adlı bu kitap, çocuğunuzu daha yakından tanımanıza yardımcı olacak ve geleceğini hazırlamada size rehberlik edecektir.

Hayat

eğitim dizisi

Çocuk Psikolojisi

İbrahim Alâettin Gövsa

Özellikle anne-babaları, eğitimcileri, öğretmenleri, kreş uzmanlarını ve çocuk bakıcılarını ciddi bir şekilde ilgilendiren çocuk psikolojisi, geleceğimizin en önemli ve hayatî konusunu oluşturmaktadır.

Çocuk eğitiminin bütün yönleriyle ele alındığı bu eser, özellikle çocuk psikolojisinin anlaşılmasına ve çocuğun sağlıklı gelişimine yardımcı olacaktır.

Çocuk Psikolojisi adlı bu kitap, ailede ve okulda çocuk eğitiminin önemini ve yöntemlerini anlatmaktadır.

eğitim · dizisi

Çocuğunuzu
Keşfedin

Lawrance Williams

Çocuk, keşfedilmeyi bekleyen gizemli bir dünyadır. Anne-baba ve öğretmenlerin temel görevleri arasında çocuğun keşfedilmeyi bekleyen bu iç doğasını ortaya çıkararak, uygun tekniklerle onu eğitmek gelir.

Anne-babalar, çocuğun bu gizli iç dünyasını açığa çıkaran tekniklerden habersizlerdir. Bu kitabı okuduğunuzda bu teknikleri öğrenmenize yardımcı olacak şu sorulara cevaplar bulabilirsiniz:

Çocuk nedir?

Onda varolan potansiyeli ve dehayı nasıl açığa çıkarabilirim?

Çocuğumuz sıkıldığında onun bu sıkıntısından kurtulması için neler yapabilirim?

Ve dahası...

Hayat